Renascendo da Dor

Psicografia de
Sônia Tozzi

Pelo espírito
Irmão Ivo

RENASCENDO DA DOR

LÚMEN
EDITORIAL

Renascendo da dor
pelo espírito Irmão Ivo
psicografia de Sônia Tozzi
Copyright @ 2011 by Lúmen Editorial Ltda.

4ª edição – outubro de 2022

Coordenação editorial: *Ronaldo A. Sperdutti*
Assistente editorial: *Fernanda Rizzo Sanchez*
Revisão: *Maria Aiko Nishijima*
Projeto gráfico e arte da capa: *Ricardo Brito / Designdolivro.com*
Imagens da capa: *Andresr e Ellebell / Dreamstime.com*
Impressão: *Infinity Gráfica*

Dados Internacionais de Catalogação na Publicação (CIP)
(Câmara Brasileira do Livro, SP, Brasil)

Ivo, Irmão (Espírito).
    Renascendo da dor / pelo espírito Irmão Ivo ;
psicografia de Sônia Tozzi. – São Paulo : Lúmen, 2011.

    ISBN 978-85-7813-038-1

    1. Espiritismo 2. Psicografia 3. Romance espírita
I. Tozzi, Sônia. II. Título.

10-12961   CDD-133.93

Índice para catálogo sistemático:
1. Romances espíritas : Espiritismo   133.93

LÚMEN
EDITORIAL

Av. Porto Ferreira, 1031 | Parque Iracema
CEP 15809-020 | Catanduva-SP
17 3531.4444

www.**lumeneditorial**.com.br | www.**boanova**.net
atendimento@lumeneditorial.com.br | boanova@boanova.net

2011-2022
Proibida a reprodução total ou parcial desta
obra sem prévia autorização da editora

Impresso no Brasil – *Printed in Brazil*
4-10-22-100-6.505

*Meu sincero agradecimento à
Doutora Maria de Fátima A. L. de Sá
por ter revisado as questões médicas.*

Sumário

Prefácio, 9

Introdução, 11

Renascendo da dor... O despertar de Roberto, 15

Incompreensão de Solange, 27

Novo desafio, 37

Encontro... e desencontro, 47

O retorno de Roberto, 63

A queda de Solange, 77

Enfrentando a realidade, 95

A palestra de Raul, 109

A revolta de Neusa, 121

O parto de Solange, 135

O casamento de Raul, 147

A volta ao trabalho, 157

A decepção de Márcia, 165

Despedida de Solange, 177

Semeando felicidade, 191

A vida continua, 199

Raul encontra com Solange, 213

O trabalho de Raul, 223

O desencarne de Márcia, 239

Prefácio

A mente é fantástica!
Somos o que queremos e o que acreditamos.
Se considerarmos que a vida é eterna e que retornaremos à nossa origem com a bagagem que amealhamos, não faremos da nossa vida apenas um acontecimento casual no qual mergulhamos nos prazeres da invigilância, desfrutando do que, imprudentemente, chamamos aproveitar a vida.
O ser encarnado exige para si o melhor, o mais rendoso, muitas vezes, sem perceber o terrível engano no qual mergulha.
Em certas circunstâncias o melhor para nós é exatamente o contrário do que pretendemos.
A humanidade se esquece de Deus e está sendo visitada por catástrofes e sofrimentos. Mesmo assim, ilude-se quanto à felicidade, porque não consegue alcançar a plenitude desse estado; os olhos se fecham quando deveriam se abrir para a essência espiritual; esperanças são destruídas, sem nem sequer perceber que esses irmãos, dos quais a esperança foi arrancada violentamente, na realidade, só possuíam esse sentimento e nada mais.

Ter consciência de suas responsabilidades é também zelar pelo corpo físico, protegendo-o das doenças que geralmente aparecem pela inconsequência e pelos desatinos. O som que nos traz de volta à realidade moral e digna vem por meio da consciência, mas o que vemos são irmãos desavisados, sufocando esse som amigo para não ter de abandonar o que consideram erroneamente felicidade e, mais e mais, perdem-se nos prazeres da carne com a volúpia dementada. A resposta vem a galope: doença, sofrimento e dor.

O grande marco da nossa vida chama-se Evangelho. A vida é uma grande sala de aula, onde as lições são dadas todos os dias para que possamos resolvê-las; aquele que preferir ficar no recreio indefinidamente terá surpresas no retorno, que é inevitável.

Se a espiritualidade achou por bem se fazer presente neste livro, foi por considerar de suma importância a mensagem aqui escrita.

Quiçá todos possam perceber o conteúdo de amor e solidariedade contido nessas palavras e, por meio dele, situar-se na mais pura expressão de amor e verdade cristã.

No que se refere à parte espiritual, nossa irmã Sônia foi inspirada e assistida por nosso irmão Ivo que, ademais, a assiste há muitos anos.

Tudo está dentro do equilíbrio e da verdade; o importante é passar para a humanidade o que ela necessita.

Que Deus abençoe a todos,

Doutor Klein[1].

---

1. O espírito dr. Klein é o mentor espiritual do Lar de Amparo à Gestante Ricardo Luiz. Esta mensagem foi recebida no dia 7 de abril de 1999 (Nota da Médium).

Introdução

Caros irmãos, para trazer até vocês este livro, fui em busca daqueles que sofrem as consequências de outrora, quando não deram a importância devida ao corpo e, principalmente, à essência como um ser.

Não raro, vemos criaturas imprudentes lançando-se levianamente aos prazeres efêmeros do sexo, das drogas e na insensatez, que, mais tarde, sem dúvida, vai cobrar um preço alto dos incautos. É preciso ter cuidado para não cair nas armadilhas das doenças, dos males físicos e morais provocados por nós mesmos; prudência para não iniciar uma viagem em que o retorno é sofrido e nem sempre consumado.

No contato com esses irmãos e irmãs, acompanhando esta médium em suas visitas fraternas, pude observar que, além do sofrimento físico, eles enfrentam os sofrimentos morais que ninguém vê, mas que são gerados pelo abandono e preconceito ainda existente no coração do homem, que se julga melhor e acima da fatalidade, que, segundo ele, só acontecerá na vida do próximo. Algumas situações foram aqui enfocadas, em uma tentativa despretensiosa de aniquilar o preconceito e ajudar os profissionais da área médica, no sentido de darem aos pacientes algo mais que os remédios, porque, tão importantes quanto os medicamentos, estão o amparo emocional e afetivo, expressados no toque das mãos e nas palavras de incentivo e amor fraternal.

Pacientes soropositivos anseiam muito por essa atenção, precisam de algo que os faça lembrar que são pessoas importantes, senão para a sociedade, pelo menos para Deus, que os criou.

Erraram... Sim, erraram; mas como disse Jesus: "Aquele que não tiver pecado atire a primeira pedra". Quem de nós, encarnados ou desencarnados, pode afirmar nunca ter errado? Ajudar não é ser conivente com o erro; se alguém se atira no lago para consumar o suicídio, se pudermos, vamos tirá-lo das águas, tentar salvá-lo, e não deixá-lo morrer porque em um momento faltou-lhe o juízo e entregou-se ao desatino.

É preciso prestar atenção na vida para conseguir perceber os sinais de perigo que constantemente nos ameaçam.

Espero que estas páginas, onde misturei emoções daqueles que sofrem com as minhas e da nossa irmã Sônia, possam tocar-lhe o coração, fazendo-o enxergar com mais generosidade aqueles que de uma maneira ou de outra erraram, nunca esquecendo que nenhum de nós está isento de sofrer as consequências dos erros praticados. Por essa razão, não devemos julgar os sofredores, porque somente aquele que sofre conhece o tamanho da dor que carrega.

Todos nós somos capazes de gestos de bondade, de solidariedade e de amor, mas para isso faz-se necessário nos lembrarmos de que definitivamente não somos os únicos habitantes do planeta; temos de fazer o bem, ser bom, sem perguntar ao beneficiado se ele merece nossa bondade, e dividir essa bondade com toda a humanidade, que possui, assim como nós, o mesmo direito à grande casa de Deus.

Esta é a mensagem que deixo para quantos lerem este livro, acreditando que, em breve, este planeta, que está entrando na sua rota de regeneração, possa emanar energia de paz, equilíbrio e amor por todo o Universo.

Um abraço fraterno.
Até mais!

Ivo.

Renascendo da dor...
O despertar de Roberto

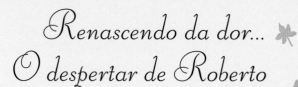

A passos lentos, Raul percorria o grande corredor do hospital; trazia o semblante cansado, fruto das poucas horas dormidas e do trabalho incessante na luta em favor da vida.

Seu pensamento teimosamente trazia à tona a cena trágica vivida alguns minutos atrás, impedindo-o de esquecer a dura realidade que enfrentava diariamente, pois, com dedicação à sua profissão e impulsionado pelo grande amor que sentia pelo seu semelhante, lutava com todo o seu empenho na intenção de diminuir a intensidade das dores de seus pacientes; mas, às vezes, sentia-se impotente diante dessa realidade de sofrimento e dor.

Escolhera a medicina como profissão, especializando-se em infectologia. Formara-se jovem ainda; cheio de sonhos e, sendo fiel ao seu ideal, dedicava-se com paciência e carinho aos pacientes portadores do HIV, no único hospital da cidade. Levava-lhes alívio físico e conforto espiritual.

– Doutor Raul – ouviu chamarem seu nome – favor entrar em contato com a telefonista, ligação para o senhor.

Apressou o passo. Seu pensamento alcançou os pacientes que estavam em fase terminal.

"Meu Deus, será que mais um vai partir?", disse a si mesmo sentindo o coração pulsar mais forte.

Com ansiedade, contatou a telefonista, que lhe passou a ligação.

– Alô... é Raul... quem deseja...

Mal pode terminar a frase, ouviu a voz irritada de Solange.

– Sou eu... Será que ainda se lembra de sua noiva? – perguntou em tom sarcástico.

– Oi, Solange, que bom falar com você.

– Pode me dizer até quando vai ficar preso nesse maldito hospital?

Com a calma costumeira, Raul respondeu:

– Meu bem, não fale assim; não estou preso, apenas cumpro meu dever de médico e cristão, não amaldiçoe o lugar onde se salvam vidas.

– Pois para mim não passa de um lugar onde se amontoa um monte de...

Impedindo a noiva de terminar, Raul gentilmente tentou explicar-lhe o motivo de sua demora.

– Querida, acabei de perder um paciente, mais um óbito, mais uma vida se foi diante de mim, sem que eu nada pudesse fazer para impedir.

– Querido – respondeu Solange, adoçando a voz –, essa vida se foi e o que importa? É apenas mais uma das muitas que irão embora. Você não precisa pensar na vida que se foi, mas na nossa, que estamos aqui, vivos. Eu o amo, quero-o perto de mim e não dentro desse hospital o tempo todo, sofrendo, participando da dor de pessoas que nem conhece. Você faz o que é possível, se não dá certo, isso é com eles.

Raul sofria ao ouvir Solange falar daquela maneira impiedosa.

— Gostaria que você tentasse compreender, são pessoas como nós, necessitam da medicina e também do calor humano.

Solange tentava de todas as maneiras mudar o pensamento do noivo, era egoísta e vaidosa o suficiente para achar que o mundo tinha de girar à sua volta.

— Mas, Raul, o que eu, você ou quem quer que seja temos a ver com isso? Eles foram imprudentes repartindo seringas de drogas, fazendo sexo sem proteção etc. Por favor, não inclua nosso noivado nessa questão, porque não me interessa. Aliás, nada que diz respeito aos seus pacientes me interessa; a única coisa que quero é ter você perto de mim, inteiro e sem mancha de aids.

Raul mal podia acreditar no que ouvia; estava perplexo. Solange continuou:

— Esqueceu que combinamos de ir ao cinema e, após, jantar e dançar?

— Sinto muito, Solange, hoje não vai ser possível, estou muito cansado, tive um dia difícil. Logo vou para casa descansar e amanhã devo chegar aqui bem cedo, temos uma cirurgia programada.

Assim que terminou de falar, Raul apenas ouviu o bater do telefone do outro lado da linha, evidenciando a impulsividade de Solange.

Desalentado, ele segurou por alguns instantes o telefone nas mãos ainda sob o impacto da atitude da noiva; colocou-o vagarosamente no gancho e, virando-se, deparou com Márcia, encostada graciosamente na soleira da porta. Seus olhos verdes contrastavam com o negro de seus cabelos cacheados, deixando-os ainda mais profundos e penetrantes.

Raul pensou:

"Que bela mulher! Sua beleza interior dá suavidade à sua beleza física. Como é grande a distância entre ela e minha noiva Solange. Formada em psicologia, trabalha na equipe de atendimento aos pacientes do hospital; tenta dar-lhes um pouco de equilíbrio emocional, envolve-se sobremaneira com a dor de seu semelhante, esquece-se de seus próprios problemas e, não raro, de seus próprios prazeres. É uma pessoa generosa, além de excelente profissional."

Entregue aos seus pensamentos, demorou um pouco para perceber que Márcia se dirigia a ele.

– Desculpe, não queria assustá-lo.

Percebendo certa melancolia no rosto do amigo, perguntou:

– O que foi, Raul, por que esse ar tristonho? É por causa da morte do Geraldo?

Sem esperar resposta, ela continuou:

– Realmente foi muito triste, também fiquei abalada, mas devemos ter consciência de que tudo o que estava ao nosso alcance e era possível fazer foi feito. O sofrimento dele era grande demais e nosso Pai o acolheu, aliviando seu sofrimento.

– É, Márcia, tudo fizemos, esse é o consolo.

Pensando um pouco, ele voltou a dizer:

– O que me preocupa e entristece neste momento é a incompreensão de Solange; realmente ela não comunga dos meus ideais e me cobra atitudes que vão de encontro aos meus princípios de médico e ser humano.

Márcia já conhecia o caráter impulsivo e autoritário de Solange e sua falta de compaixão pelos menos favorecidos. Tentando aliviar a angústia do amigo, disse:

— Você precisa ter paciência, Raul, Solange é muito mimada por seus pais; rica, filha única, bonita... dê-lhe um tempo, ela aprenderá a enxergar o mundo na sua realidade.

— Não sei, Márcia, pode ser. Só receio que o meu amor não seja tão forte para esperar.

— Isso só você pode saber, meu amigo, não tenho o direito de me intrometer. Em todo o caso, espero que tudo se resolva para você, pois eu gostaria de vê-lo feliz e sorrindo.

— Obrigado, você é uma grande amiga.

— Bem, Raul, o que gostaria mesmo é de falar-lhe a respeito de Roberto; por essa razão vim procurá-lo.

— Você falou com ele; o que achou?

— Roberto continua muito revoltado. Sua esposa foi operada do coração, está em casa, mas em recuperação; nada pode fazer e seus sete filhos estão quase no abandono, praticamente passando fome, e ele se culpa por essa situação desesperadora.

— Não se pode deixar de admitir que ele tem um pouco de razão, Márcia, a situação é bem complicada.

— Raul, tenho novidades para ele a esse respeito, mas não consigo expor o que consegui, ele se fecha sem querer ouvir ou falar. Pensei que seria conveniente se você fosse ter com ele. O que acha?

— Claro, Márcia, irei até lá.

— Você não estava de saída?

— Sim, mas neste momento o mais importante é falar com Roberto e tentar aliviar seu ressentimento. Vamos.

— Quer que eu o acompanhe?

— Se puder, gostaria.

Raul dirigiu-se à porta acompanhado de Márcia, que, olhando o amigo intensamente, pensou:

"Meu Deus, até quando conseguirei esconder esse amor que me consome? Pobre querido, como gostaria de fazê-lo feliz."

Desde que chegara ao hospital, Márcia se encantara com o carisma de Raul; o seu profissionalismo, a maneira como se dirigia a todos que o procuravam e, principalmente, sua sensibilidade em perceber até onde ia o sofrimento de seus pacientes. Aos poucos, a admiração foi se intensificando, até que um dia ela percebeu que se transformara em amor; forte e verdadeiro, mas, sabendo de sua condição de noivo, nunca deixara que esse sentimento transparecesse.

Sofria cada vez mais pelo desejo de tê-lo para si, amá-lo da maneira como achava que merecia; enfim, sabia que Raul era o homem da sua vida e sofria por saber que seu coração pertencia a outra pessoa.

"Se ele fosse feliz", pensou, "eu também seria, mas sei que sua noiva não o faz feliz e nunca o fará; é egoísta demais para se dedicar a alguém."

Assim que entraram no quarto em que Roberto jazia em seu leito, perceberam que realmente ele não estava bem. Trazia o olhar divagando no vazio que sentia na alma. A penumbra do quarto emprestava ao ambiente um ar sombrio e desolador.

Cenas angustiantes teimavam em povoar-lhe a mente. Via nitidamente o desespero da esposa presa ao leito; seus filhos sofridos, tão pequenos e já marcados pela desilusão.

A ansiedade misturava-se à angústia e à necessidade de drogar-se, o que ele fazia imprudentemente havia alguns anos, até que como consequência, viu-se preso ao leito, vítima da aids em estado avançado.

Márcia e Raul, sensíveis ao sofrimento do próximo, aproximaram-se lentamente dele. Este, percebendo a proximidade do médico, fingiu dormir.

— Roberto! – fez-se ouvir a voz amiga de Raul. – Não fuja, vamos conversar, estamos aqui para ajudá-lo.

O silêncio não intimidou Raul, que, compreensivo e cauteloso, continuou:

— Se você não quiser falar não faz mal, apenas ouça. A revolta que guardamos dentro de nós impede-nos de tentar compreender certas situações; passamos a jogar a culpa nas pessoas que nos rodeiam, nos fatos que ocasionaram a nossa queda, esquecendo-nos de nos ver como protagonistas, ou seja, os verdadeiros responsáveis pela situação que nos aflige. A partir do momento que conseguimos nos enxergar como autores da história, erramos se nos afundamos nessa culpa sem lutar para reverter o quadro agressivo. Você está se culpando, mas está também impedindo a si mesmo de encontrar a solução que poderá trazer-lhe um pouco mais de equilíbrio e tranquilidade.

"Somos seus amigos, Roberto, não afaste de você o sentimento fraterno que temos para lhe dar. A sua rebeldia o impede de tomar conhecimento das últimas providências que foram tomadas e que se relacionam com sua família. Quando você achar conveniente, estaremos prontos para ajudá-lo, mas não demore, porque o tempo não descansa; ao contrário, anda a passos acelerados."

Dizendo isso, o médico fez sinal para Márcia, e, sem fazer qualquer ruído, ambos se afastaram. Quando estavam fechando a porta do quarto, ouviram a voz de Roberto que gritou em desespero:

— Doutor... doutor... ajude-me, pelo amor de Deus!

Raul, acompanhado de perto pela amiga, voltou e, sentindo fortemente a vontade real de ajudar aquele homem em sofrimento, aproximou-se dele:

— Estamos aqui para isso, confie em nós e, principalmente, confie na Providência Divina. Gostaria de falar?

Um pouco retraído, Roberto respondeu, sem esconder o nervosismo:

— Sim, doutor. Como posso conviver com essa dor que me consome; saber da proximidade da minha morte e não ter forças para lutar; não poder fazer mais nada para mudar a situação da minha mulher e dos meus filhos? É desesperador, doutor, desesperador.

Com a voz calma e tranquila, Raul respondeu:

— Se você não pode mudar a situação da sua mulher e dos seus filhos, Roberto, mude pelo menos a sua.

— A minha? — perguntou. — Como posso fazer isso?

— Aquiete o seu coração, desperte para a consciência divina; saia dessa dor que o martiriza e consome aniquilando todas as possibilidades de mudança. Se quiser, poderá abrir o coração para Jesus, convidar o Divino Amigo para entrar e se entregar ao Seu amor. Sofrimento com Jesus é sofrimento equilibrado e permite-nos ter paz no coração, mesmo com a dor que dilacera.

— Isso é possível? Diga-me, mas, por favor, diga-me a verdade.

— Sim, Roberto, é possível; basta você querer e permitir que todo o seu ser se abra para o amor maior.

— Meu Deus... meu Deus, que sentimento é esse?

— É o sentimento que mata o orgulho e o egoísmo; o sentimento que nos projeta e nos aproxima do objetivo do ser humano, que é a evolução. O sentimento que é a própria Essência Divina, isto é, o amor pleno.

Roberto pensou por alguns instantes e voltou a dizer:

– Amor... Doutor, o senhor vem falar de amor quando amargo um sofrimento tão grande?

– Exatamente, Roberto, venho falar-lhe de amor porque só esse sentimento irá fazê-lo aceitar e compreender os acontecimentos marcantes da sua existência, que tanto o fazem sofrer. Se hoje você sofre, acredite, não veio ao endereço errado; você mesmo favoreceu o destino quando imprudentemente se lançou nas drogas e repartiu a mesma seringa com outras pessoas tão desavisadas quanto você.

– Mas, meu Deus, não consigo entender o que posso fazer agora que tudo está perdido.

– Realmente, pelo seu corpo físico, infelizmente, agora muito pouco, praticamente nada, você o lesou muito, Roberto; mas pelo seu corpo astral, isto é, seu espírito, você ainda pode fazer muita coisa.

Espantado, e sem nada entender, Roberto falou:

– Corpo astral... espírito... do que o senhor está falando?

Raul olhou demoradamente para Márcia, esperando um sinal que o incentivasse a explicar ou não o que queria dizer; ela, embevecida, escutava atentamente suas palavras; seu coração vivenciava a plenitude do amor, e Raul era o alvo desse sentimento. Carinhosamente, incentivou-o a continuar.

– Veja, Roberto, sou espírita e venho estudando esta doutrina há anos, vários anos. Aprendi que somos muito mais que um corpo material, isto é, fomos criados à imagem e semelhança de Deus. Isso quer dizer que somos um espírito imortal e eterno, sobrevivendo à morte do corpo físico. Se agora você não pode fazer muita coisa por esse corpo que você vê e sente, faça pelo que você não vê, mas que existe em você. Pulsa vida aqui na Terra e também na espiritualidade, que é o lugar de onde viemos e para onde retornaremos um dia, não importa se cremos ou não. Ninguém morre, Roberto, apenas sofremos uma mudança para voltarmos ao nosso lugar de origem; por essa razão, a importância de cuidar do espírito.

Roberto demonstrava surpresa na sua fisionomia.

— Estou meio confuso com essa revelação; diga-me, doutor, como podemos cuidar desse corpo que o senhor fala?

— Cuidando do nosso espírito, alimentando-o com pensamentos nobres e elevados; tendo atitudes sensatas e amorosas com nossos semelhantes; exercendo um trabalho edificante, enfim, cultivando o amor e a elevação moral. Sempre que agredimos nosso corpo físico por meio dos vícios, desregramentos, excessos de qualquer ordem, inclusive alimentar, agredimos também o nosso espírito. A revolta, o desespero, a inconformação intensificam nosso sofrimento, mas podemos vencer a dor e a aflição quando confiamos em Jesus.

Roberto permaneceu em silêncio por longo tempo.

— O que foi, Roberto, o que o preocupa?

— Nada, doutor, não consigo compreender muito bem tudo isso, mas gostaria de aprender mais sobre o assunto.

— Você aprecia a leitura?

— Sim.

— Vamos fazer o seguinte, trarei alguns livros para você. Leia-os atentamente e o que não compreender terei prazer em lhe explicar. Combinado?

— Combinado, dr. Raul, e muito obrigado; inexplicavelmente sinto-me mais calmo. Mas o que o senhor quis dizer quando mencionou providências a respeito de minha família?

— Ah! É verdade, Márcia e a assistente social tomaram medidas que beneficiaram sua família.

Voltando-se para a amiga disse:
— Por favor, Márcia, conte a ele.
— Roberto, estou feliz por vê-lo mais sereno e ficará ainda mais agora, ao saber que conseguimos internar sua esposa na Santa Casa da cidade vizinha. Seus filhos estão provisoriamente no internato do colégio até que sua mulher se recupere e possa assumir novamente a guarda das crianças. Como vê, tudo foi resolvido a contento. Está feliz?

Com lágrimas nos olhos, Roberto respondeu emocionado:
— Muito obrigado. Saber que meus filhos não passam fome e que minha mulher está recebendo o tratamento de que necessita deixa-me realmente muito mais tranquilo. Mais uma vez, obrigado.

— O importante, agora, é você confiar em Jesus e na oportunidade de uma nova vida que, sem dúvida, recebemos após o estágio evolutivo que teremos no mundo espiritual. Essa é a grande felicidade, Roberto, saber que sempre haverá a oportunidade de um recomeço.

Nesse instante, uma enfermeira levando os medicamentos de Roberto entrou no aposento. Ele, de maneira dócil, entregou-se ao tratamento.

Raul e Márcia saíram do quarto e caminharam em silêncio pelo corredor do hospital. Carregavam no corpo o cansaço físico, mas na alma a alegria de poder mais uma vez aliviar o sofrimento de um irmão que se perdeu em si mesmo.

— Raul, você pretende mesmo lhe trazer alguns livros? Será que ele conseguirá entender?

— Como não, minha amiga? Quando se joga uma semente é preciso cuidar para que ela germine, e se a terra for árida dobra-se o cuidado. Estaremos por perto, acompanhando os passos de Roberto nessa nova descoberta, auxiliando-o no que precisar por meio do esclarecimento. Se ele se propuser a descobrir uma nova vida, se estiver receptivo aos novos conhecimentos, analisando cada item do aprendizado, com certeza entenderá.

Não se contendo, Márcia disse a Raul:

— Admiro-o, Raul, muito mesmo, está sempre preocupado com o bem-estar físico e espiritual dos pacientes, realmente nasceu para a medicina. Não é somente um excelente médico, mas, antes de tudo, um grande homem.

Meio sem jeito, Raul respondeu:

— Mesmo sabendo que você exagera um pouco eu lhe agradeço. Procuro apenas ser fiel ao juramento que fiz ao formar-me e, principalmente, ser tarefeiro dos ensinamentos do Evangelho do Cristo. Nem sempre consigo, mas tento.

O coração de Márcia cada vez mais vibrava amor por aquele homem que tanto admirava.

— Orgulho-me de ser sua amiga! – exclamou, esforçando-se para conter o desejo de abraçá-lo.

Raul, abaixando levemente a cabeça, permitiu a si mesmo comparar Márcia e Solange, constatando a enorme diferença existente entre a noiva e a amiga e colega.

"Meu Deus, por que Solange sente tanta dificuldade em me compreender, em me aceitar como sou? Será que meu amor por ela é realmente suficiente para enfrentar toda uma vida ao seu lado?", questionou-se voltando à realidade com a voz de Márcia despedindo-se.

— Até amanhã, Raul, bom descanso.

— Até amanhã, Márcia.

Incompreensão de Solange

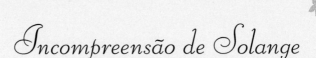

O som estridente do telefone conseguiu despertar Raul, que, sonolento, ainda tentava compreender o que acontecia do outro lado do fio. Apenas conseguia perceber a voz áspera e tremendamente irritada de Solange.

— Raul, acorda, não adianta fingir que não me ouve porque sei que está me ouvindo e estou irritada o suficiente para não ter a menor paciência com você.

— Querida, por que esse nervosismo todo; o que aconteceu que a deixou assim? Fiz alguma coisa que a desagradou?

— O que fez não, Raul, o que deixou de fazer.

— Então, por favor, diga-me o que deixei de fazer.

— Esperei por você ontem até tarde e nem um telefonema você teve a gentileza de fazer.

Só então Raul se deu conta de que realmente não se lembrara de Solange.

— Desculpe, não tive a intenção de magoá-la; realmente foi o cansaço. Tivemos um caso difícil, um paciente...

Antes que terminasse, Solange o interrompeu aos gritos.

— Muitas vezes já lhe disse que não me interessam os seus casos difíceis. É sempre a mesma justificativa; sempre esses *aidéticos* interferindo na nossa vida; estou ficando cansada dessa história que se repete quase que diariamente.

— Não fale assim, meu bem, sou médico, preciso dar assistência aos meus pacientes; é meu dever.

— É... Esse é o problema, assistência demais para o meu gosto. Vamos fazer o seguinte, encontre-me daqui a uma hora no parque, precisamos conversar.

Desanimado, Raul respondeu:

— Está bem, estarei lá.

Sem controlar sua impulsividade, Solange bateu o telefone, deixando Raul entregue à dor de constatar a enorme distância existente entre eles.

Levantou-se e foi direto ao banheiro, onde uma ducha gostosa e refrescante reanimou suas forças. Vestiu-se vagarosamente, como se desse tempo para que suas ideias se coordenassem.

Colocou roupas brancas e bem cuidadas, tarefa que sua mãe fazia pessoalmente, querendo demonstrar ao filho, com esse gesto, o quanto ele a fazia feliz por ter abraçado a medicina como profissão e também por ser o filho afetuoso que era.

Sentindo-se melhor e mais animado, desceu para saborear o delicioso café preparado por Judite.

— Filho, pensei que ia dormir um pouco mais, chegou tão tarde ontem! Conseguiu descansar um pouco?

Ele beijou-a com carinho; gostava de externar o quanto a amava e era agradecido pelo esforço que ela fizera para educá-lo. Sabia que desde a morte de seu pai tornara-se, como filho único, o maior motivo de alegria para essa valente senhora que, enfrentando todas as dificuldades, conseguiu mantê-lo em uma faculdade e fazer dele um homem de bem.

– Sim, mãe, descansei o suficiente, mas não nego que gostaria de ficar mais um tempinho na cama, enfim...

– E por que se levantou, meu filho? Volte, vá descansar mais um pouco.

– Infelizmente não posso, mãe, tenho um compromisso com Solange, sem dizer que preciso retornar ao hospital.

Pela expressão do rosto de Raul, Judite percebeu que alguma coisa o atormentava.

– Filho, sinto que alguma coisa o está perturbando; não quer desabafar com sua mãe?

– Estou confuso, mãe, em relação ao meu noivado com Solange; às vezes penso que seria melhor terminar esse relacionamento; ela não consegue me entender, não me aceita como sou; enfim, pensamos muito diferente.

– Raul, seja paciente com ela, sua noiva deve estar apenas enciumada, é natural, você é médico, bonito, ela deve ter ciúmes das pessoas com as quais convive no trabalho.

– Não é o que me parece. Incomoda-me a maneira com a qual ela se refere aos meus pacientes. Tenho a impressão de que vivemos em mundos diferentes.

– Vá com calma, meu filho, nem todos conseguem sentir esse amor que você sente pelos semelhantes. Tenha calma, a mesma calma com que trata seus pacientes.

– Terei, dona Judite, terei.

Levantando-se, depositou um carinhoso beijo na testa da mãe, tentando passar a ela uma alegria que estava longe de sentir. E disse:

– Não se preocupe comigo, mãe. Estou bem. Até logo, a gente se vê à noite.

Sem esperar resposta, afastou-se rapidamente indo ao encontro de Solange.

Aproximando-se do parque, avistou de imediato Solange sentada em um banco, folheando distraidamente uma revista.

Cresceram praticamente juntos, estudaram no mesmo colégio até completarem o ensino médio, quando cada um seguiu o seu destino na faculdade. Solange formara-se em letras, mas, como vinha de família abastada, achava bobagem trabalhar, gastava seu tempo com futilidades.

"Como somos diferentes", pensou Raul. "O que será que nos aproximou a ponto de transformar esse envolvimento em noivado?"

Espontaneamente, sem o menor esforço, lembrou-se de Márcia, daqueles meigos olhos verdes e, inexplicavelmente, sentiu vontade de vê-la. Balançou a cabeça, acreditando que esse gesto afastaria seus pensamentos.

– Solange, como está?

Ao se inclinar para beijá-la foi surpreendido pela reação da noiva que, impensadamente, afastou o rosto dizendo:

– Sente-se e vamos direto ao assunto.

Sem esperar qualquer reação dele, continuou:

– Mais uma vez vou dizer-lhe que não suporto ser passada para trás, principalmente, quando sou trocada por esses doentes imundos.

Raul empalideceu.

Custava-lhe crer no que acabara de ouvir. Lembrando-se das palavras sensatas que ouvira do irmão Luiz, mentor espiritual do centro espírita que frequentava, tentou trazer a noiva à consciência, dizendo:

– Solange, pelo amor de Deus, meça suas palavras, não seja tão imprudente e leviana. Esses doentes não são imundos, são apenas doentes; precisam sim, da medicação, mas necessitam em proporção maior da compreensão e do carinho que podemos e devemos dar a eles. Se muitas vezes não conseguimos aliviar suas dores físicas, podemos, na maioria dos casos, aliviar suas dores morais e espirituais.

Cada vez mais irritada, Solange revidou:

— Pare com isso, Raul. Não vim encontrar-me com você para ouvir sermão; você os defende, mas eu lhe pergunto: por que foram se meter com a promiscuidade, com as drogas? Merecem o que receberam.

Cada vez mais surpreso com a postura dela, Raul tentava esclarecê-la:

— Solange, reconsidere sua postura, não devemos julgar ninguém, não sabemos o que nos reserva o futuro. Qualquer um de nós está sujeito a cair em um comportamento imprudente, emaranhar-se nas armadilhas que levam ao sofrimento. Por que tanto preconceito?

— Está bem... muito bem... nunca chegaremos a um acordo, portanto, quero dar-lhe um prazo, digamos... vinte dias.

— Um prazo para quê? — perguntou Raul sem entender a razão de tanta impulsividade.

— Um prazo para você se decidir se fica com seus doentes ou comigo, mas pense bem, porque o que decidir não terá volta. Procure-me no fim desse prazo e voltaremos a conversar.

Dizendo essas palavras, ela levantou-se e, sem se despedir, afastou-se a passos rápidos, deixando o noivo atônito. Sua única reação foi levar seu pensamento até o querido mentor e pedir:

— Irmão Luiz, venha em meu auxílio para que eu saiba escolher o melhor caminho para minha vida pessoal sem prejudicar minha trajetória profissional; ajude-me a socorrer sempre e cada vez mais esses irmãos tão discriminados pela sociedade.

Raul sentiu na sua essência a plenitude do amor fraternal e a proximidade do querido irmão Luiz que, unindo-se a ele, suavemente disse:

– Filho, não permita que o amor fraternal desapareça da sua alma, cumpra sua missão na Terra; ampare os desvalidos, afague os que choram; acenda a luz para os que vivem em trevas, mostre a vida para os que estão prestes a deixar sua existência na Terra, e Jesus, nosso Mestre, vai guiá-lo para um destino feliz. Fique em paz.

O médico registrou em forma de otimismo e esperança as orientações do mentor. Levantou-se e dirigiu-se ao hospital, onde seus pacientes o aguardavam.

Seguia com passos firmes e determinados, sem se dar conta de que ao seu lado os bons espíritos o fortaleciam com energia salutar. Envolvido pela vibração benfazeja, pensava em como as pessoas se entregam com tanta volúpia a conceitos errôneos; perdem-se nas propostas que mais se aproximam de seu egoísmo, na ilusão de se imaginar superior ao semelhante, dando prioridade ao orgulho que as fazem imaginar ser melhores, estando, portanto, acima de qualquer mal.

Quantos enganos! Vivem ao sabor do acaso, sem plantar nenhuma semente de amor no próprio coração; não imaginam que todas as nossas ações, infalivelmente, vão provocar reações compatíveis.

"Quem somos nós", perguntava-se, "senão imperfeitas criaturas que recebem do Criador a oportunidade de aparar as arestas da imperfeição? Contudo, muitos são tolos o suficiente para ignorar que quando agredimos nosso próximo estamos, na realidade, agredindo a nós mesmos, e o sofrimento virá infalivelmente."

Raul caminhava em direção ao hospital que ficava mais ou menos próximo do local em que estivera com Solange. Tão sensível estava às inspirações dos bons companheiros espirituais que não percebeu que se esquecera do carro, estacionado nas alamedas do parque. Somente se deu conta quando, ao se aproximar do hospital, escutou a voz de Dimas, segurança que permanecia diariamente na entrada do hospital fornecendo informações a quem solicitasse.

— Bom dia, doutor, resolveu vir caminhando hoje? Fez muito bem, está uma manhã linda.

Raul assustou-se ao perceber que se esquecera do automóvel. Rindo de si mesmo, disse ao rapaz:

— Vou lhe contar um segredo.

Dimas abaixou-se entusiasmado, imaginando que ouviria algo muito interessante e sentindo-se importante por merecer a confiança do doutor.

— Pode falar, doutor, sei guardar segredo.

Raul sorriu diante da simplicidade daquele rapaz tão novo ainda, mas que trabalhava com afinco para ajudar seus pais.

— Estou ficando velho!

Surpreso, o rapaz respondeu:

— Por quê? Não parece ter tanta idade assim!

— Esqueci meu carro estacionado no parque, vim andando distraído e só percebi quando você me chamou a atenção.

— É... Deve ser a idade mesmo — disse Dimas, brincando com o médico. — O senhor quer que eu vá buscar o carro? Posso fazer isso.

Agradecido, Raul entregou-lhe as chaves.

— Faça-me esse favor, Dimas, o carro está estacionado bem em frente ao chafariz. Obrigado.

— Não precisa me agradecer, doutor, sou eu que fico honrado em poder servi-lo.

Pegando as chaves, ele foi cumprir a tarefa, feliz por poder ser útil a quem tanto admirava.

* * *

Raul subiu os degraus da escada de dois em dois a fim de se apressar, pois tinha consciência de que a partir daquele instante seu contato era com a dor e o sofrimento. Chegando ao topo, esbarrou em Márcia que, surpresa, deixou ir ao chão as fichas que carregava.

— Meu Deus — disse sorrindo — que pressa é essa, vai apagar algum incêndio?

Um pouco sem graça, Raul apressou-se a apanhar os papéis dizendo:

— Por favor, desculpe, Márcia, não tive a intenção; sou mesmo um desastrado.

Divertindo-se com a situação, ela respondeu:

— Não acho que seja um desastrado, mas sim um apressado!

— Não sei, acho que minha pressa, na realidade, é a tentativa de esquecer meus problemas pessoais.

Márcia olhou-o fixamente e perguntou:

— Raul, o que aconteceu, a quais problemas se refere? Pode me dizer ou o assunto é muito particular?

Raul sabia que podia confiar nela e, sentindo desejo de desabafar, respondeu:

— Márcia, você dispõe de alguns minutos?

— Claro, Raul, fico feliz em poder ouvi-lo e talvez ajudá-lo.

Encaminharam-se até a lanchonete, pediram um café e Raul, bem à vontade, disse:

— Márcia, não sei se estou fazendo a coisa certa mantendo meu noivado com Solange.

— O que aconteceu desta vez?

Raul colocou a amiga a par de tudo o que acontecera entre a noiva e ele.

A cada palavra que ouvia, Márcia ficava mais indignada com a atitude imprudente, leviana e, em sua opinião, maldosa de Solange.

— Raul, custa-me crer em tamanha insensatez. Nunca vi tanto preconceito, tanta falta de solidariedade com o próximo; perdoe-me, mas considero tudo isso o ápice do orgulho, egoísmo, sei lá.

— Não precisa ter escrúpulo para falar, Márcia, eu também penso assim. Nada que eu diga toca seu coração e a faz mudar de opinião. Fico pensando em como será nossa vida juntos, pensando tão diferente, vendo a vida de um modo tão distante um do outro. Como vou poder me dedicar à minha profissão ao lado de uma pessoa absolutamente incompreensiva, que cobra atitudes o tempo inteiro?

Márcia, apesar do imenso amor que sentia por ele, sufocou o sentimento para não tirar proveito da situação; era digna o suficiente para saber que se as coisas estão previstas, elas acontecem no momento certo, sem deixar rastro de dor.

Com suas mãos em cima das mãos de Raul, disse:

— Só posso lhe dizer, Raul, que pense com cuidado, analisando bem a situação; não faça nada precipitado ou movido por um sentimento de indignação para não se enganar nas decisões. Leve em consideração seus sentimentos por ela, o quanto são verdadeiros e sinceros e, principalmente, seja caridoso. Acredito que Solange não tem consciência das coisas que diz, pode ser que com o passar do tempo ela reconsidere seus conceitos e vocês possam ainda ser muito felizes.

A cada palavra que dizia, o coração dela batia mais forte, porém ela agia sempre de acordo com os compromissos e juramentos de sua profissão e dentro dos preceitos do Evangelho; jamais se aproveitava de qualquer situação em benefício próprio.

Raul a ouvia com atenção, confiando na amiga, pois a conhecia o suficiente para saber o quanto era digna.

— Você tem razão, Márcia, vou esfriar minha cabeça e analisar com prudência tudo isso; afinal, ela me deu vinte dias para decidir — disse sorrindo.

— Isso mesmo, Raul, nunca acertamos quando tomamos decisões movidos pela emoção ou impulsividade; é sempre prudente deixar a poeira baixar.

Raul, olhando no relógio, levantou-se apressado.

— Márcia, sabe que horas são? — perguntou. — Estou atrasado para visitar meus pacientes.

Assim, cada um seguiu seu rumo.

Raul sentiu-se aliviado, mas ainda estava sob o impacto das palavras rudes de Solange. Dirigiu-se ao ambulatório e surpreendeu-se com a movimentação de seus auxiliares. A apreensão havia tomado conta do corpo de enfermagem. Assim que o viu, seu assistente disse apreensivo:

— Doutor Raul, graças a Deus o senhor chegou. Venha, temos um caso grave. Maria Rita, uma jovem de vinte e dois anos acaba de dar entrada no hospital com hemorragia digestiva; o estado dela é crítico e deixou a todos nervosos e ansiosos pela sua chegada.

Novo desafio

Sem demora, Raul foi até o local onde a paciente estava e verificou que já a haviam colocado no soro. Solicitou à enfermeira uma coleta de sangue para fazer um hemograma completo.

Ao iniciar o exame detalhado de Maria Rita, observou as manchas esbranquiçadas por todo o seu corpo, notadamente nas pernas; sua experiência e seu amplo conhecimento ajudaram-no a diagnosticar o sarcoma de Kaposi. Magra e desnutrida, em poucas horas Maria Rita entrou em coma.

Na Unidade de Terapia Intensiva iniciou-se uma grande batalha contra a morte. Incansável, Raul permaneceu à sua cabeceira, usando de todos os recursos que a medicina dos homens coloca à disposição daqueles que a exercem.

Márcia, assim que tomou conhecimento do caso, foi prestar assistência à família da jovem. Solidária com o desejo dos pais da moça, foi ao encontro de Raul.

Aproximou-se do médico e disse quase num sussurro:

– Raul, os familiares de Maria Rita encontram-se no corredor, próximos à UTI e solicitam sua presença. Poderia atendê-los?

— Claro, mas como estão?

— Sem meias palavras e falando de maneira objetiva, estão desesperados. Sua mãe, além do desespero normal diante da dor de perder uma filha, encontra-se revoltada, blasfemando contra Deus, culpando a tudo e a todos pela sorte da filha. Realmente me corta o coração presenciar tanta insensatez.

Raul balançou a cabeça preocupado.

— Você já tentou conversar com ela, Márcia, acalmá-la?

— Raul, hoje só existe uma possibilidade de acalmá-la, é você lhe dizer que Maria Rita está fora de perigo e que vai se recuperar; fora isso, ela não ouve mais nada.

— Infelizmente, Márcia, essa é a única notícia que não poderei lhe dar. O estado da garota é muito grave e somente Deus poderia reverter esse quadro.

— Meu Deus, por que as pessoas se matam desse jeito, Raul, desprezando a oportunidade da vida?

— Porque se esquecem de Deus e julgam possuir o domínio completo sobre si mesmas.

— Ver uma vida se esvair tão cedo, vítima de atitudes imprudentes, quando teria provavelmente ainda muitos anos pela frente, é, na verdade, muito triste.

— Você tem razão, Márcia, é desolador; mas vamos até os familiares, eles nos aguardam.

Saíram juntos.

Abrigando no coração o amor fraternal, dirigiram-se até o local onde a família de Maria Rita os aguardava. Faltavam apenas alguns passos para se encontrarem com a família ansiosa, quando, pelo som interno do hospital, ouviu-se o chamado.

— Doutor Raul... Doutor Raul, favor dirigir-se com urgência para a UTI. Doutor Raul, urgente.

Sem demora, Raul atendeu ao chamado. Com passos ligeiros rumou imediatamente à UTI, quase adivinhando o que estava acontecendo.

Márcia, compreendendo a gravidade da situação, aproximou-se dos pais de Maria Rita e, segurando entre as suas as mãos da mãe da garota, disse-lhe carinhosamente, tentando passar-lhe força e compreensão para suportar prova tão penosa:

— Dona Antonieta, tente se acalmar, vamos aguardar o desenrolar dos acontecimentos, o melhor a fazer é se aproximar de Jesus pela oração; peça auxílio a Ele e entregue-se a esse Amigo para ser beneficiada com o equilíbrio e a paz.

Surpreendendo Márcia, Antonieta, exasperada, começou a gritar.

— Equilíbrio... Paz... Jesus, ora! Não me venha com palavras tolas e vazias, a única coisa que eu quero é minha filha viva... viva, entendeu? Você acha mesmo que vou ter equilíbrio e paz com minha filha morta?

— Dona Antonieta, queremos o mesmo que a senhora, vê-la viva; mas, quando a vontade de Deus é contrária à nossa, temos de aceitá-la e nos entregar sem reserva à bondade e justiça Divina, só assim conseguiremos sobreviver com equilíbrio. Nosso Criador sabe bem do que precisamos para que haja o nosso progresso espiritual.

As lágrimas e o desespero de Antonieta comoviam Márcia. Esta, chamando a enfermeira, pediu-lhe que trouxesse um copo com água para aquela mãe desesperada, que experimentava o sabor da lágrima cortante a cravar-se em seu peito.

Antenor, o pai de Maria Rita, timidamente acercou-se de Márcia, e, sem se preocupar em secar as lágrimas que desciam abundantes pelo seu rosto, disse:

— A minha menina tem aids, contaminou-se por meio da droga que consumia quase que diariamente, sem se importar com a doença que se agravava dia após dia. Não sabíamos mais o que fazer, tentamos tudo o que foi possível, acredite, é isso que minha mulher não suporta e contra o que se revolta, ver o fracasso depois de tanta luta e dor.

— Seu Antenor, gostaria muito de ajudá-los, principalmente o dr. Raul, mas respeitamos esse momento que pertence a vocês. Terão de vivê-lo, sorver desse fel até a última gota, mas creia, somos solidários com vocês e não os deixaremos sós. Sintam-se amparados e protegidos não só por nós, mas principalmente por Aquele que é o amor maior, nosso Mestre Jesus. Entreguem-se a Ele e Ele vai confortá-los; refugiem-se na consciência tranquila de terem feito tudo para salvá-la.

— Já orei tanto que parece que não sei mais me comunicar com Deus.

— Então, seu Antenor, apenas silencie. Para ouvirmos a voz do Senhor torna-se necessário ficarmos quietos. Em alguns momentos, devemos ser o silêncio para calar a voz que atordoa nosso coração. Se Jesus chamar sua filha, entregue-a a Ele sem revolta. O sofrimento que sente é normal e justo. A separação daqueles que amamos é sempre dolorosa, mas mergulhe nas palavras e no amor de Jesus e Ele vai ajudá-lo a vencer esse momento de dor.

— Obrigado, suas palavras acalmam minha alma, mas minha mulher me preocupa, está muito revoltada.

— Vamos deixá-la colocar para fora o seu sofrimento da maneira que está conseguindo fazer. Neste instante, qualquer palavra dita cairá no vazio. Dona Antonieta está perdida na dor e não consegue ouvir; iremos ajudá-la no momento propício.

Márcia, olhando à sua volta, reparou nos irmãos de Maria Rita; dois jovens de aproximadamente 14 e 16 anos e uma menina aparentando 10 anos. Encolhidos em um canto, traziam no rosto a expressão do medo e da dor. Aproximando-se deles, disse-lhes com carinho:

— Não se assustem, vocês não estão sós, seus pais vão ajudá-los a superar este momento e, se precisarem, estarei aqui para ampará-los. Se vocês deixarem essas lágrimas que estão escondidas em seus olhinhos descerem pelas suas faces sentirão a alma mais aliviada.

Mais animado, o mais velho disse:

— Mamãe não se controla, está desesperada, estou com muito medo.

— Nós também — afirmaram seus irmãos.

— Vai passar, o importante é deixá-la jogar para fora o que lhe vai no íntimo, e compreender sua dor e seu jeito de expressá-la.

Raul entrou na UTI.

Aproximou-se de Maria Rita e percebeu o fim se aproximando.

Segurou as mãos da paciente e, sinceramente, com o coração voltado para o Criador, orou por aquela irmã que iniciava a travessia pelo Portal Divino.

— Grande Pai, Senhor absoluto do amor e da harmonia, ao sentir em nós os acordes da alegria, muitas vezes, esquecemo-nos de Ti, perdidos que estamos nas ondas da felicidade que julgamos não ter fim. Engano nosso... as mesmas ondas mansas e serenas se transformam em vendavais gigantes que nos machucam, sangrando-nos a alma, aí, então, corremos e nos aconchegamos em Teu colo. Percebemos então que para os grandes sofrimentos é necessário buscar o remédio no grande Amor. Perdoe-nos a fraqueza, Senhor, perdoe-nos por nos lembrarmos de Ti apenas quando nos afundamos em lágrimas, mas meu coração neste instante pulsa forte, suplicando por essa irmãzinha que inicia a grande travessia. Peço-Te, porque confio em Ti, que a ampare, para que quando sua cabeça tombar, o seu coração possa se aquietar e permitir que o grande Pai surja com a força maior do amor. Que ela possa adormecer em Teus braços e acordar mais tarde revestida de esperança. Assim seja.

Ao terminar a oração, Raul sentiu-se envolvido por uma onda quente de carícia. Assim, com o desprendimento das grandes almas, envolvia Maria Rita com pensamentos de equilíbrio e paz. Os minutos que se seguiram foram quase de magia. Espíritos desencarnados socorriam a irmãzinha, que já entrava na perturbação natural do desencarne.

Quando Raul conseguiu desligar-se dessa corrente mágica de amor e doação, percebeu o fim do tempo... Maria Rita retornara à pátria espiritual.

Enquanto os enfermeiros desligavam os aparelhos do corpo físico de Maria Rita, Raul, a passos lentos, dirigiu-se ao saguão do hospital para a difícil tarefa de comunicar à família a triste notícia.

＊＊

A vida é difícil e, não raro, penosa; entretanto, aqueles que têm fé e confiam na vida futura sabem que tudo neste mundo é passageiro e que a dor tem um tempo para durar e nos ensinar a promover nossa reforma interior.

O tempo, criação sublime de Deus, transcorre lento ou veloz, de acordo com a expectativa e os sonhos de cada um, mas, como sempre, agasalhando nossas dúvidas, conhecendo nossas angústias e dando-nos, no momento certo e oportuno, todas as respostas, oferecendo-nos a oportunidade de encontrar a paz.

Com nossos personagens não foi diferente. A vida no hospital transcorria dentro da normalidade.

Raul não se encontrara mais com Solange. Nem percebera que o prazo concedido pela noiva já se esgotara. Desfrutava de uns poucos minutos de folga, saboreando delicioso cafezinho quando Márcia, aproximando-se dele, disse:

– Raul, lembra-se de Maria Rita?
– Claro, Márcia, mas... Por que a pergunta?
– Seus pais estão aqui e insistem em lhe falar. Causou-me pena vê-los tão abatidos. Poderia recebê-los?
– Com a maior satisfação. Leve-os até minha sala, logo irei ter com eles.

Mal acabara de entrar em sua sala, Antonieta correu até o médico e disse em desespero:

– Doutor... Doutor ajude-me! Sinto-me morrer tamanho o meu sofrimento, não posso esquecer minha menina; não consigo entender tanta maldade de Deus para conosco... Não sei mais o que fazer.

Raul, tocado no mais íntimo do seu ser pelo sofrimento daquela mulher, enviou um pedido de socorro para o querido irmão Luiz. Sentindo no coração a paz que lhe transmitia esse espírito amigo, segurou as mãos dessa mãe sofrida e disse:

– Dona Antonieta, não faça nada, principalmente não impeça que a compreensão entre em seu coração. A senhora está tentando esquecer sua filha, mas não conseguirá, porque não se esquece o amor. O que precisamos fazer é compreender que o alvo do nosso amor continua existindo e existirá sempre, em algum lugar, e, assim como nós, também conserva seu amor pelos entes queridos que deixou na Terra. A separação dolorosa que a machuca tanto, não passa de uma breve despedida. A essência de Maria Rita, a sua chama eterna, iniciou nova vida, novo aprendizado, porque morrer é apenas uma transformação, é deixar de ser visto pelos encarnados. Se os amamos de verdade, devemos, apesar da dor, permitir que eles evoluam em direção a Deus.

– Mas, dr. Raul, e o que me diz dessa maldade de Deus, por que Ele fez isso conosco?

– Veja bem, dona Antonieta, não devemos culpar Deus pelos nossos atos. Não existe a maldade de Deus, e sim a reação das ações levianas e imprudentes. O homem pensa ser dono da sua vida, mas, no primeiro impacto de sofrimento afunda-se no medo, devolvendo ao Criador a responsabilidade de seu destino. Sua filha infelizmente cometeu imprudências que a levaram à morte; a responsabilidade é dela e não de Deus. Não perca tempo acusando o Pai, que é só amor e bondade. Ao contrário, aproveite o seu tempo para orar por sua filha, pedindo a Deus que a abençoe e proteja para que ela possa enxergar a luz e caminhar em direção ao Senhor. Suplique a Ele força e sabedoria para cuidar de seus outros filhos, que precisam de amor e proteção; abra os olhos para enxergar as bênçãos que recebe por meio dos filhos que ficaram, do sr. Antenor, que também sofre, mas que sufoca sua dor para ajudá-la.

– E Maria Rita? – perguntou Antonieta.

– Quanto à Maria Rita, traga-a no coração com amor, saudade e equilíbrio, só assim dará a ela a liberdade de que necessita para enxergar e alcançar a claridade divina.

Antenor, que até então permanecera em silêncio, abraçou a esposa dizendo:

– Antonieta, o doutor tem razão, vamos tentar compreender para aceitar; amar para nos aproximar de nossa filha querida; confiar em Deus para encontrar a paz. Obrigado, dr. Raul, que Deus o abençoe, fez-nos um grande bem.

Raul retirou de sua pasta um pequeno livro e entregou-o à Antonieta.

– Tome... É seu, chama-se *O Evangelho Segundo o Espiritismo*; leia-o com atenção, sem pressa, vai lhe fazer muito bem e trazer-lhe serenidade. Tenho certeza de que cada capítulo compreendido será como uma cascata de paz para o seu coração.

Antonieta, bem mais calma, segurou nas mãos do médico e, num ímpeto de emoção, beijou-as.

– Obrigada, doutor!

Raul retirou suas mãos com tranquilidade e a abraçou com carinho.

– Vão com Deus, e não agradeçam a mim, mas sim ao Pai, que nos segura no colo quando mal conseguimos caminhar.

O casal retirou-se confiante, depositando todas as esperanças no pequeno livro que Antonieta apertava em seu peito.

Márcia, que a tudo presenciara, aproximou-se de Raul. Os dois olharam-se demoradamente, não disseram nenhuma palavra, mas perceberam que algo muito forte e maravilhoso estava para acontecer.

Encontro... e desencontro

Após o episódio com a família de Maria Rita, Márcia e Raul passaram a acalentar no coração o sonho e o desejo de poder partilhar um com o outro, os seus ideais, suas emoções e seu amor.

Raul sentia-se constrangido em declarar a Márcia o amor que passara a sentir por ela, em virtude de estar ainda ligado à Solange.

Esperava com ansiedade os momentos em que se encontravam para discutir o estado físico e emocional dos pacientes; admirava a postura de Márcia diante do sofrimento alheio e, sem perceber, comparava-a à noiva, sendo que, a cada comparação, Solange se distanciava mais ainda do seu coração, que mergulhava na certeza de que Márcia era a companheira para sua vida e que, juntos, poderiam se amar sem deixar de amar os que sofriam nos leitos daquele pequeno hospital do interior.

Por sua vez, Márcia, acostumada a esperar por esse amor, contentava-se em receber o olhar de ternura de Raul e ficava

47

feliz em saber que, aos poucos, começava a fazer parte da vida daquele que havia tanto tempo amava em silêncio.

Raul, ocupado com as fichas dos internos, assustou-se ao ouvir seu nome.

– Doutor Raul, dona Solange ligou e pediu que fosse ao seu encontro hoje às dezesseis horas no lugar de costume.

Ao escutar a secretária mencionar o nome de Solange, ele lembrou-se da noiva.

– Obrigado – respondeu gentilmente e afastou-se, dirigindo-se à enfermaria.

– Doutor... Doutor... Por favor, poderia me dar um minuto de atenção?

Ao virar-se, Raul deparou com Felício, rapaz de vinte e oito anos, magro, abatido, com a aparência condizente com o estado adiantado da doença. Acostumado à abordagem de seus pacientes que, na maioria das vezes, queriam apenas mais um minuto de atenção, Raul delicadamente respondeu:

– Pois não, Felício, em que posso ajudá-lo?

Felício ostentou no rosto pálido a surpresa.

– Ajudar-me? – perguntou espantado. – O senhor já fez muito por mim, agora, sou eu quem gostaria de fazer algo pelo senhor.

Raul não conseguiu assimilar de imediato em que ele poderia ajudá-lo.

– Por mim? – inquiriu surpreso.

– É natural que esteja estranhando, doutor. O que quero é fazer algo pelo senhor, que tanto faz para os outros, mas se esquece de fazer para si mesmo. Não julgue minha atitude, ou melhor, minha audácia, antes de ouvir o que tenho a lhe dizer.

Raul começou a se interessar pelo assunto, queria ver até onde Felício ia chegar, incentivou-o a falar.

— Não entendo o que tem em mente para me dizer, mas estou pronto para ouvi-lo sem julgamento, poderia se explicar melhor?

— Se o senhor me der licença...

— Tem toda, pode dizer o que quiser.

— Doutor Raul, aprendi com o senhor que somente nós podemos promover a nossa felicidade, não é isso?

— Claro, é verdade, somente nós detemos o poder de construir para nós uma vida de equilíbrio e paz compreendendo, valorizando e selecionando as coisas que nos fazem crescer como criaturas de Deus; a felicidade é uma consequência dessa construção.

— Desculpe-me, mas por que então o senhor não promove a sua felicidade, deixando de sufocar o amor que sente pela Márcia, se ele salta aos seus olhos sem que nada possa fazer para impedi-lo? Não é chegado o momento de pensar e promover a sua felicidade?

Raul mal pôde acreditar no que acabara de ouvir. Paralisado pela surpresa, não conseguia articular nenhuma palavra. Felício, aproveitando a liberdade concedida, continuou:

— Se não fosse correspondido eu até entenderia, mas desde que estou neste hospital, observo o olhar apaixonado de Márcia pelo senhor. Só não percebe quem é muito distraído. Eu sei que não passo de um doente *aidético*, que não tem o direito de interferir na vida de ninguém, principalmente, na do senhor, um doutor, mas sou tão agradecido por ter me ajudado a encontrar a paz dentro de mim, apesar da minha condição, que gostaria de partir deste mundo sabendo que o senhor e a Márcia estão juntos e felizes. Levar a satisfação de pelo menos ter contribuído, de alguma forma, para essa felicidade.

Raul não conseguia falar, tão atônito estava com tudo o que ouvira; mesmo assim se dirigiu a Felício.

– Amigo, obrigado por se preocupar comigo, mas se você não sabe eu tenho uma noiva e...

– ...Não a ama! – completou Felício.

– Por que afirma isso?

– Se a amasse, esse olhar de ternura e amor seria direcionado a ela e não à Márcia. Pense bem, doutor... eu sei bem o que é perder e não ter mais nenhuma chance de reaver o que foi perdido; não perca a oportunidade de ser feliz e fazer alguém feliz, vá... vá... permita que aconteça o grande encontro; quanto ao desencontro, com certeza vai seguir o seu destino.

Dizendo isso, afastou-se, deixando o médico boquiaberto.

Raul pôde ver as costas curvadas de Felício andando a passos lentos e difíceis, mas não conseguiu ver as lágrimas que desciam pelo rosto desse jovem que passo a passo perdia a vida. Do coração sensível de Felício partia sincera prece a Jesus:

– Jesus, não sei orar, mas sei agradecer. Obrigado. Se perco a oportunidade de viver, ganho a oportunidade de Te conhecer e, pela Tua palavra, aprendo que não se perde a vida, pois ela é eterna, perde-se o corpo físico e, perco o meu envoltório carnal fragilizado pelos muitos desatinos que cometi... Perdoe-me Jesus, e receba-me em Teu reino. Assim seja.

Irmão Luiz, juntamente com os espíritos benevolentes que trabalham na recuperação espiritual desses doentes, envolveu Felício com energia de amor, harmonizando o seu espírito e fortalecendo o seu equilíbrio.

Ainda sob o impacto da surpresa pela atitude de Felício, Raul dirigiu-se pensativo à enfermaria. Assim que se aproximou, ouviu uma voz exaltada que dizia:

— Não... Não me peça isso, Marcos, venho visitá-lo, mas não me peça para me aproximar de você nem para tocá-lo, tenho medo, muito medo de contaminar-me.

Sem acreditar no que ouvia, Raul acercou-se da jovem que acabara de dizer as palavras cruéis que, com certeza, machucaram o coração de Marcos.

— Senhorita, pode me dizer como se chama?
— Ângela.
— É parente de Marcos?
— Sim, sua irmã, por quê?
— Diga-me, Ângela, qual a razão de não querer se aproximar de seu irmão?
— Simplesmente porque não quero me contaminar — respondeu.

Delicadamente, Raul afastou-a do irmão para que pudessem conversar sem que ele ouvisse.

— Escute-me, Ângela, compreendo o seu receio, mas ele é infundado. Quero esclarecê-la que realmente devemos ter cuidado, mas não preconceito. É importante conhecer as maneiras com as quais podemos nos contaminar para que possamos tomar os cuidados necessários; mas é igualmente importante respeitar a alma que sofre e dar a ela o apoio, o conforto e a atenção que anseia e merece.

— Doutor, sempre ouvi dizer que não devemos nos aproximar dos *aidéticos*.

— Ângela, essa é uma informação errônea. Podemos e devemos nos aproximar deles, pois essa é a maneira de demonstrar-lhes que são amados; que não são réus do nosso julgamento; a discriminação os faz sofrer tanto quanto a doença.

Confusa, Ângela perguntou:

— Mas, então me diga, como se pega essa maldita doença?

— Em primeiro lugar, não devemos amaldiçoar nada, porque na realidade não sabemos a importância de cada infortúnio na evolução de cada criatura. Pode-se se contaminar mantendo relação sexual sem proteção com pessoas portadoras do vírus HIV; partilhando agulhas e seringas de outras pessoas, no caso de pessoas contaminadas e viciadas em drogas injetáveis; pela transfusão de sangue contaminado; usando instrumentos perfurantes ou cortantes não esterilizados, usados anteriormente em pessoas contaminadas; e durante a gravidez, se a mãe for soropositiva.

— Doutor, explique-me o que na verdade vem a ser essa doença tão terrível; eu não consigo entender.

— Vou lhe explicar de uma maneira simples.

A aids, também conhecida como síndrome da imunodeficiência adquirida, é causada por um vírus que ataca os linfócitos T, que são importantes células na defesa do nosso organismo, tornando-o mais suscetível às infecções ditas oportunistas e que, normalmente, levam o paciente à morte. Se esses pacientes já sofrem por si só, por que lhes levar mais sofrimento por meio do preconceito e da discriminação? Não lhe parece impiedoso? É muito importante o carinho para o equilíbrio emocional deles.

Ângela pensou um pouco e disse ao médico:

— Se o senhor está dizendo, eu acredito e aceito.

Raul, com muita tranquilidade, disse para a garota:

— Ângela, quero que entenda uma coisa: tudo o que se aprende deve ser muito bem compreendido, assimilado e não simplesmente aceito; devemos compreender tudo o que ouvimos, porque constatamos a veracidade e a sua importância; porque percebemos o bem que poderá fazer para nós e para os outros. Deus nos deu o raciocínio, a capacidade de analisar e buscar em cada ensinamento o que ele tem de melhor para nossa vida, sendo que o que não tem conteúdo devemos deixar para os que não se preocupam com a verdade.

– Doutor, acredite, eu compreendi. O senhor tem toda a razão no que diz; fui imprudente, agi sem nenhuma generosidade; esqueci que todos estão sujeitos a enfermidades, sejam elas quais forem, e, principalmente, fui desumana com meu próprio irmão. Marcos, assim como os outros, precisa de carinho e vou demonstrar isso a ele, agora.

Afastando-se do médico ela foi até o irmão que, sem entender, foi surpreendido por um abraço cheio de ternura e amor.

Raul deixou que os dois irmãos desfrutassem sozinhos do reencontro. Sabendo que essa carícia de Ângela seria essencial para o estado emocional de Marcos, retirou-se. Verificando que tudo transcorria com tranquilidade dentro do hospital, foi até sua casa para trocar de roupa e saborear o gostoso café de Judite. Assim que o viu, sua mãe o interpelou.

– Posso saber aonde vai assim tão elegante?
– Mãe, tenho um encontro com Solange.

Imaginando que seria o entendimento entre os dois, Judite disse contente:

– Que bom, filho; fico feliz sabendo que vocês voltaram a se entender.

– Não creia nisso, mãe, sinto muito se vou decepcioná-la, mas a impressão que tenho é que iremos nos desentender de vez.

– Faça como quiser, meu filho, a mim só importa a sua felicidade, mas procure não fazê-la sofrer.

— Isso dependerá dela, pois não tenho a menor intenção de magoá-la, mas devo ser sincero comigo mesmo e com Solange, não pretendo enganá-la; portanto, preciso ser sincero e honesto quanto aos meus sentimentos.

— Como assim, filho?

— Eu... Bem, estou apaixonado por outra pessoa.

— Filho, que surpresa! E quem é ela?

— A senhora não a conhece, ela se chama Márcia; é psicóloga e trabalha comigo no hospital. No momento oportuno vai conhecê-la.

— Gostaria mesmo de conhecê-la, se ela o faz feliz já conquistou minha amizade.

— Creio que vai gostar dela, mãe, é uma pessoa muito doce e pensa exatamente como eu nas questões profissionais, bem diferente de Solange, que critica até o ar que respiro dentro do hospital.

— Bem, se é assim, Raul, que Jesus os abençoe e também a Solange.

✷

Ao avistar Solange sentada no banco do parque, ostentando o porte altivo e orgulhoso que lhe era peculiar, Raul pensou:

"É... Somos o oposto um do outro, parece até que vivemos em mundos diferentes".

— Olá!

— Olá, Raul — respondeu Solange sem muita cordialidade. — Como vai você?

— Bem, trabalhando bastante, e você?

– Estou muito bem, Raul, vivendo como acredito que a vida deve ser vivida, ou seja, aproveitando o máximo, dedicando-me às coisas que me fazem feliz, sem me importar com os problemas dos outros e não permitindo que ninguém interfira nos meus. A vida é muito curta, Raul, e interessa somente a nós mesmos. Se formos trazer os problemas dos outros para dentro da nossa vida, com certeza iremos trazer a infelicidade, e o que eu quero é ser feliz por inteiro.

– É uma pena, Solange, que você pense assim! – exclamou Raul.

– Posso saber por quê?

– Por que você ainda não entendeu que cada um de nós faz parte de um mesmo todo, que nossa vida, de uma forma ou de outra, se entrelaça com a vida do próximo. Feliz aquele que percebe isso.

Já um pouco irritada, Solange respondeu:

– Por favor, Raul, não vamos começar tudo de novo. Já lhe disse mais de uma vez que essa tese que você defende tanto realmente não me interessa; a vida é problema de cada um e não vou me importar com questões que não me dizem respeito.

– Tudo bem, Solange, vamos ao que lhe interessa – disse Raul convicto que acabava ali definitivamente qualquer possibilidade de entendimento entre eles.

– Chamei-o aqui para que pudéssemos dar um rumo, enfim, decidir a nossa vida; mas de início quero lhe dizer que não abro mão das minhas convicções e não estou disposta a mudar minha maneira de encarar a vida nem ceder em nada.

– Solange, por que você se tornou uma pessoa tão fria e impiedosa? – perguntou Raul. – Em que momento você se perdeu? Lembro-me de que quando estudávamos você não era tão egoísta assim; dávamo-nos bem, entendíamo-nos tanto que nos tornamos noivos. Tínhamos nossas diferenças, é verdade, mas nada que pudesse nos afastar; entretanto, hoje mal reconheço em você a moça que amei e com quem pensei um dia me casar.

Por breves minutos o coração de Solange foi tocado pelas palavras de Raul. A moça lembrou-se de como tinham sido felizes na época da faculdade; mas seu intenso orgulho falou mais alto e ela respondeu, tentando ainda uma justificativa para sua maneira egoísta de proceder:

— Raul, o que acontece é que me causa repulsa o rumo que você deu à sua vida profissional, não consigo aceitá-la.

— Como assim, Solange?

— Você trabalha e se dedica integralmente àqueles aidéticos imundos que não são aceitos nem pela própria família. E não sou eu que, indiretamente, vou sofrer as consequências dessa atitude.

— Não compreendo qual a consequência que você sofre — disse Raul cada vez mais perplexo.

— Sofro sua ausência por causa desses loucos que se esqueceram de pensar; você está sempre cansado, isso quando nos encontramos, porque na maioria das vezes você se esquece do nosso compromisso. Quer que eu pense como você, mas não entende que sou nova e quero curtir a minha vida de uma maneira que me deixe feliz. Existe algum pecado em querer ser feliz?

— Não, Solange, não existe nenhum pecado em querer ser feliz, a imprudência está em ser feliz passando por cima das pessoas, sendo alheia à dor ou aflição do semelhante; não se pode fechar os olhos e dormir serenamente quando tantos choram, solitários, sem receber um abraço ou uma palavra de conforto. A nossa felicidade é proporcional à felicidade que proporcionamos ao nosso próximo; pensar somente em nós mesmos nos torna egoístas, e nenhum egoísta será bem-vindo no reino de Deus.

– Você sempre vem com a mesma história, Raul, tenta se justificar por meio desses conceitos que não aceito e em que não acredito. Se tenho condições de ter tudo o que quero, se Deus me deu a riqueza, porque não posso desfrutar o que recebi?

– Você já pensou pelo menos por um instante que se der uma finalidade útil e fraterna à sua riqueza poderia desfrutar paz e felicidade mais duradouras? Acredito que Deus pensou nessa possibilidade quando colocou em suas mãos a ferramenta que lhe daria condições de construir uma vida melhor para tantos sofredores. Quando agimos com prudência e generosidade, Solange, evitamos o arrependimento futuro, que chega pelas consequências dos nossos enganos.

Completamente irritada, Solange respondeu quase agressiva:

– Chega, Raul, não me agrada sua maneira de pensar; quer defender doentes que não têm defesa porque foram eles mesmos que buscaram essa enfermidade.

– Solange, não seja tão radical e preconceituosa, essa sua atitude poderá voltar-se contra você mesma.

– Você está me ameaçando?

– Não. Apenas tentando fazê-la voltar à razão. É claro que sofremos as consequências de ações impensadas, levianas e, não raro, ignorantes; mas, o importante é entender que nenhum de nós está a salvo dessa ou de qualquer outra doença porque nós falhamos e comumente agimos sem pensar.

Solange, sentindo-se acuada diante das palavras de Raul, achou por bem encerrar o assunto, percebendo que não tinha argumentos para contradizê-lo; e, retomando seu costumeiro ar de arrogância, disse:

— Chega, Raul, vamos parar com esse assunto e voltar ao que interessa, ou melhor, dizendo, o que você decide; os seus doentes ou eu?

***

Falando com tranquilidade, na certeza de estar fazendo a coisa certa, Raul respondeu:

— Sinto muito por você, Solange, mas prefiro ficar com os meus doentes e também com o amor que descobri em meu coração por uma pessoa maravilhosa, que pensa e age da mesma maneira que eu.

Sob o impacto da revelação, Solange sentiu a raiva invadir-lhe o peito, e levou-a até estas palavras:

— Eu sabia, Raul, você nunca me enganou; na realidade eu nunca acreditei na sua dedicação aos seus pacientes. Você é um falso samaritano.

— Não, Solange, você mais uma vez está enganada. Descobri esse amor há pouco tempo, nem me declarei à pessoa que amo por respeito a você, ao nosso relacionamento, que ainda não tínhamos terminado; portanto, se hoje nos separamos foi apenas por entendermos a vida e o amor de formas diferentes. Nossa história foi interrompida pela distância dos nossos pensamentos.

— Não me importo com esse fim. Afinal, não gosto mesmo desse seu jeito de ser. Vejo e sinto a vida com olhos diferentes dos seus, e pretendo continuar assim, pois não creio no que você crê; acho que cada um deve resolver seus problemas sem levá-los para ninguém; e depois, penso que cada um está no lugar que procurou estar. Nós não seríamos felizes mesmo.

Levantou-se e, com o mesmo ar voluntarioso, afastou-se, deixando Raul entre surpreso e aliviado.

Ao vê-la passar por ele tão altiva, pensou nas palavras de Felício: "...quanto ao desencontro, com certeza vai seguir o seu destino". "Agora", pensou, "só me resta ir ao encontro de Márcia". E, com alegria e ansiedade, rumou para o hospital.

Ao atravessar a porta, que dava acesso à ala onde estavam os profissionais que trabalhavam no hospital, Raul, como um adolescente, sentiu seu coração bater mais forte.

Parou, respirou fundo, dando ao seu coração um tempo para se aquietar. Sentindo-se mais sereno, entrou na sala de Márcia, que estava debruçada sobre uma mesa, absorta na leitura de um livro.

Com educação e certo receio, Raul disse:

– Desculpe interromper sua leitura, mas gostaria de falar-lhe.

– Entre, Raul, fique à vontade, que bom vê-lo. Estou à sua disposição; problemas com algum paciente?

– Não, graças a Deus todos estão tranquilos, sem necessidade de nenhum procedimento, por essa razão vim ter com você.

– Então, sente-se, vamos conversar.

– Desejo falar-lhe sobre mim, ou melhor, sobre nós.

Márcia sentiu seu coração acelerar e, com os lábios trêmulos, respondeu:

– Por favor, Raul, diga, estou ansiosa.

– Eu... bem... estou apaixonado por você. Não lhe disse antes por ainda estar comprometido com Solange, mas, agora, sou um homem livre e queria que soubesse que eu a amo.

– Raul... eu... eu...

Antes que Márcia dissesse alguma palavra, Raul continuou:

– Se você não me quiser, diga-me a verdade, vou entender, mas o que não posso é esconder esse sentimento que, desde que descobri, vem me trazendo alegria e paz.

Sem conseguir dizer nenhuma palavra, tal a emoção que a dominava, Márcia levantou-se e, caminhando em direção a Raul, fixou seus belos olhos nos dele, sem tentar impedir as lágrimas que traziam para o exterior o brilho e a pureza dos seus sentimentos. Com voz baixa e emocionada disse:

– Raul, como não querê-lo? Eu o amo, parece-me que desde sempre. Esse é um momento muito feliz para mim, momento que espero há muito tempo e que por vontade de Deus chegou.

– Querida, você tão próxima e eu levei esse tempo todo para percebê-la; quanto tempo perdido!

– Não, Raul, não existiu tempo perdido, ele foi útil para você, para mim e para Solange, se somente agora nos unimos por meio do amor, é porque estava nos propósitos de Deus que seria assim.

– Eu a amo! – exclamou Raul.

– Eu também o amo! – respondeu Márcia.

Esquecendo o mundo que os envolvia, abraçaram-se e, no beijo que trocaram, permitiram que seus espíritos gozassem o maravilhoso êxtase do encontro; encontro de duas almas afins que se uniam em nome do mais nobre dos sentimentos, o amor.

"O amor como comumente se entende na Terra, é um sentimento, um impulso do ser, que o leva para outro ser com o desejo de unir-se a ele. Mas, na realidade, o amor reveste formas

infinitas, desde as mais vulgares até as mais sublimes; princípio da vida universal, proporciona à alma, em suas manifestações mais elevadas e puras, a intensidade da radiação que aquece e vivifica tudo em volta de si; é por ele que ela se sente estreitamente ligada ao poder divino, foco ardente de toda a vida, de todo amor. O amor é uma fonte inexaurível, renova-se sem cessar e enriquece, ao mesmo tempo, aquele que dá e o que recebe. É pelo amor, sol das almas, que Deus, mais eficazmente, atua no mundo. Por ele atrai para si todos os pobres seres retardados nos antros das paixões, os espíritos cativos da matéria; eleva-os a arrasta-os na espiral da ascensão infinita para os esplendores da luz e da liberdade.

O amor conjugal, o amor materno, o amor filial ou fraterno, o amor da pátria, da raça, da humanidade, são refrações, raios refratados do amor divino, que abrange, penetra todos os seres e, difundindo-se neles, faz rebentar e desabrochar mil formas variadas, mil esplêndidas florescências do amor[2].*"*

---

2. Denis, Léon. *O problema do ser, do destino e da dor.* FEB.

O retorno de Roberto

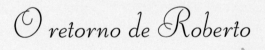

Raul foi ao encontro de Márcia. Preocupava-se com o estado de Roberto, pois como médico sabia que nada mais podia ser feito para reverter a situação do paciente.

— Márcia, preocupa-me o estado de Roberto; sinto-me impotente diante da grave situação em que ele se encontra.

— Eu também, Raul, estive conversando com o dr. Carlos e a opinião dele coincide com a sua, ou seja, ele se aproxima do óbito.

— Mais uma vez estamos diante da partida, Márcia, mas, se para o corpo pouco ou nada podemos fazer, para o espírito temos condições de fazer muito. Vamos até ele?

— Sim, eu o acompanho.

Ambos seguiram em direção ao quarto de Roberto, agasalhando no coração o sincero desejo de aliviar a tensão e o medo desse espírito que estava prestes a iniciar sua viagem de volta.

Não percebiam os amigos espirituais que os acompanhavam, inspirando-os para que suas ações fossem de real equilíbrio para Roberto, que estava a poucas horas do retorno à pátria espiritual.

Entraram no aposento. Roberto jazia no leito, como se as forças lhe faltassem até para a simples ação de abrir os olhos. Mantinha-os fechados. Ao seu lado, no pequeno criado-mudo, encontrava-se *O Livro dos Espíritos*, presente de Raul, que ele estudara todos os dias, tentando compreender e aceitar seu sofrimento.

Imaginando que ele estivesse dormindo, Raul e Márcia iam se afastando, quando ouviram a voz tênue do paciente:

– Doutor... Márcia... por favor, não vão embora, aproximem-se, preciso falar-lhes.

Márcia voltou e, segurando nas mãos de Roberto, disse:

– Não se canse, Roberto, poupe suas forças.

Com a tristeza estampada em seus olhos, ele respondeu:

– Por favor, não tenho mais o que me poupar nem o que me cansar. Cheguei ao limiar e, antes que eu atravesse o portal divino, preciso falar-lhes.

Raul sentiu seu coração pulsar forte ao perceber a transformação de Roberto. Elevando o pensamento ao Senhor, agradeceu-Lhe por mais esse acordar para Jesus. Suavemente disse:

– Fale, Roberto, estamos aqui para ouvi-lo, sabemos que temos muito para aprender com você.

Roberto respirou profundamente e, tomando fôlego, iniciou:

– Doutor Raul, não preciso nem dizer o que fiz da minha vida. Bombardeei meu corpo com todas as drogas, agredi a minha integridade moral, mantendo relações sexuais sem nenhum critério de dignidade, caindo mesmo na promiscuidade; fiz de minha alma e do meu corpo um depósito de lama. Quando soube ser portador do vírus HIV, deixei-me possuir por uma raiva imensa que a cada dia se transformava em um monstro aterrador; passei a culpar a tudo e a todos pelo meu infortúnio. Sem respeitar minha companheira e meus filhos, lancei-me de vez no submundo do sexo; achando que se eu já estava perdido, por que não fazer com que os outros também se perdessem, passando-lhes o vírus?

Mesmo acostumada a ouvir histórias escabrosas, cheias de inconsequências, levianas e cruéis, Márcia sentiu seu coração se apertar com a narrativa de Roberto. Ficou com pena daquele homem que descobrira no fim dos tempos os desatinos cometidos.

– Roberto – interveio –, não se martirize, tudo passou, pense no que você aprendeu e no quanto está arrependido; Jesus vai socorrê-lo, não se esgote.

– Deixe-me falar, não posso ir embora sem abrir meu coração e jogar fora o lixo guardado nele até hoje.

Raul, entendendo a enorme necessidade de Roberto de desabafar o que lhe atormentava a alma, disse com voz amiga:

– Continue, Roberto, estamos aqui para ouvi-lo.

– A revolta e o desespero a cada dia me instigavam à agressão. Quando me internei aqui, arquitetei um plano para infernizar de alguma maneira a rotina deste hospital. Mas, a cada dia, para meu espanto, fui sendo surpreendido pelo carinho e respeito com os quais era tratado, principalmente por vocês. A agressão foi dando lugar à angústia de perceber o que tinha feito da minha vida, da vida dos meus filhos e da minha mulher. Caí na depressão comum àqueles que não têm onde se segurar quando percebem que estão se afogando e que foram eles mesmos os culpados.

– Você não acha que chega por hoje, Roberto?

– Não, talvez eu não tenha amanhã, precisa ser agora.

– Então, continue – incentivou-o Márcia.

Roberto já demonstrava cansaço e mal conseguia falar, assim, solicitou ao médico um pouco de água e, após alguns minutos, continuou:

– Sabe, dr. Raul, todos os ensinamentos que o senhor me passou por meio das conversas explicativas que tínhamos e, principalmente, por meio do livro que me presenteou, foram, sem dúvida alguma, a luz que iluminou a minha alma, fizeram com que eu fosse, pouco a pouco, conhecendo o reino maravilhoso de Deus e Sua inatacável justiça. O senhor nunca perguntou se eu merecia a sua bondade, entretanto, foi bom comigo o tempo todo. Não me julgou inútil, imoral ou pervertido, mas viu em mim um ser humano que necessitava de auxílio e apoiou-me. Sou-lhe grato por ter me mostrado a vida, por ter me apresentado Jesus e ter colocado no meu coração a esperança de um recomeço. Obrigado, dr. Raul, o senhor tratou do meu corpo e da minha alma; ensinou-me a amar, perdoar e entender as leis de Deus. Não tenho a menor ideia do lugar para onde vou, errei demais, e hoje sei que vou colher o fruto dos meus enganos, mas onde eu estiver pedirei ao Pai que o abençoe e permita sua felicidade ao lado de Márcia, a quem também amo, porque sei que fui amado e respeitado por ela.

Roberto calou-se por alguns instantes. Ambos mal podiam se conter, tal a emoção que os dominava. Márcia não lutava contra as lágrimas que desciam pelo seu rosto e, ao mesmo tempo, vibrava equilíbrio e harmonia para esse irmão que se despedia da vida física. Agradecia a Deus a oportunidade que ela e Raul receberam ao poder de alguma forma amenizar o sofrimento alheio e lutar contra o preconceito.

Roberto abriu novamente os olhos e, num esforço supremo, disse apenas:

– Adeus!
Lentamente seus olhos se fecharam para o mundo da matéria.

Raul e Márcia, olhando para aquele corpo inerte, oraram a Jesus para que os amigos socorristas acolhessem aquele espírito que tanto errara, mas que conseguira encontrar a verdade, arrependendo-se sinceramente dos erros cometidos.

"Durante a vida o espírito está ligado ao corpo pelo seu envoltório material ou perispírito; a morte é apenas a destruição do corpo, e não desse envoltório, que se separa do corpo quando cessa a vida orgânica... Para uns é bastante rápido e pode dizer-se que o momento da morte é também o da libertação, que se verifica logo após. Noutros, porém, sobretudo naqueles cuja vida foi toda material e sensual, o desprendimento é muito mais demorado, e dura às vezes alguns dias, semanas e até mesmo meses, o que não implica a existência no corpo de nenhuma vitalidade, nem a possibilidade de retorno à vida, mas a simples persistência de uma afinidade entre o corpo e o espírito, afinidade que está sempre na razão da preponderância que, durante a vida, o espírito deu à matéria[3]*.*
Não tem nada de penosa a perturbação que se segue à morte para o homem de bem; é calma e em tudo idêntica à que acompanha um despertar tranquilo. É cheia de ansiedades e de angústias para aquele cuja consciência não está pura[4]*."*

---

3. Kardec, Allan. *O Livro dos Espíritos*. Segunda Parte. Cap. III. Item II, questão 155-A. São Paulo: Opus. p. 80.

4. Kardec, Allan. *O Livro dos Espíritos*. Segunda Parte. Cap. III. Item III, questão 165. São Paulo, Opus. p. 83.

Certos de que a equipe socorrista estava presente, Raul e Márcia saíram apoiados na certeza de que tudo tinham feito para amenizar as dores daquele irmão.

Deixando o hospital, foram até uma aconchegante casa de chá. Sentados confortavelmente saboreavam fumegante chá de maçã. Raul segurava as mãos de Márcia e lhe dizia com voz carinhosa:

— Querida, peço que me desculpe, mas nem sempre me dou conta de que posso estar um pouco afastado de você; fico tão envolvido com os pacientes que me esqueço de mim e do quanto gosto de estar ao seu lado.

— Por favor, Raul, não repita isso. Sou feliz com você e confio no seu amor por mim. Aliás, o que me fez apaixonar-me por você foi justamente esse seu impulso generoso, essa sua capacidade enorme de se doar; gostaria que não mudasse nunca; quero-o assim como é, para sempre.

Raul, ouvindo aquelas palavras, não conseguiu evitar a lembrança de Solange e notar mais uma vez a grande diferença existente entre as duas: uma era amor doação, o amor que compartilha; a outra, o amor egoísmo, que só enxerga a si mesmo.

Seus olhos brilharam intensamente e seu coração pulsou mais forte. Aconchegou-se mais à Márcia, beijou-lhe os lábios com doçura e disse:

— Eu a amo e fico imensamente feliz ouvindo-a falar assim. Gostaria que fosse até minha casa para que pudesse conhecer minha mãe.

Eufórica, Márcia respondeu:

— Raul, mal posso acreditar, terei imensa alegria em conhecer a mãe do homem que eu amo.

— Terei folga no domingo que vem, seria bom para você?
— Para mim está ótimo!
— Combinado, então; vou pedir à dona Judite para fazer um almoço especial.
— Que bobagem, sou muito simples.
— Mas merece um almoço especial, daqueles que só minha mãe sabe fazer.
— Então, está ótimo; quero o almoço especial.

Os dois sorriram; nos olhos de cada um transparecia a felicidade que lhes ia na alma. Márcia, aproveitando aquele momento de paz e descanso, disse a Raul:

— Raul, estive pensando, não seria interessante reunir as famílias dos pacientes internos e fazer uma palestra, enfocando o lado emocional de todos os envolvidos, doentes e familiares?

— Você, como psicóloga, acredita que traria algum benefício a esses amigos?

— Com certeza. Você tem tanto o que dizer, o que confortar. Na realidade, eles vivem muito sós, tanto os doentes quanto os familiares; enfrentam preconceitos, temores, revoltas; sentem-se excluídos da sociedade, enfim, creio que seria ótimo para a integração deles. Muitas dúvidas poderiam ser sanadas, esclarecidas, tornando-os mais confiantes. Penso, sim, Raul que teria um retorno emocional muito grande.

Após pensar um pouco, Raul concordou com Márcia.

— É, pode ser que tenha mesmo razão.

— Olha, Raul, acabamos de presenciar a mudança interior de Roberto, e sabemos o quanto foi útil para ele; nossos erros não se apagam num passe de mágica, mas nos conscientizarmos deles e querermos a nossa transformação é o início do amadurecimento espiritual. Faça essa palestra, Raul, você tem muito a oferecer.

— Você tem razão. Poderia cuidar disso para mim? Farei com a maior alegria. Se pudermos minimizar um pouco mais o sofrimento de tantos irmãos, por que não fazê-lo, não é mesmo?

— É verdade. O espírito do dr. Klein, que se comunica no centro espírita que frequento com regularidade, sempre diz: "o homem que serve acima do dever, encontrou o caminho da verdadeira felicidade". Como ele, tantos outros amigos espirituais já nos mostraram que a máxima da doutrina espírita, "fora da caridade não há salvação", é um alerta e traduz a essência dos ensinamentos de Jesus, indo ao encontro do sofrimento alheio, praticando de verdade, a caridade que o Cristo nos ensinou.

— Obrigado, Márcia; você me deu mais uma oportunidade de ser útil.

Docemente, Raul deixou que seus sentimentos mais sinceros fluíssem para fora, expressando-os em apenas três palavras:

— Eu a amo!

— Eu também o amo — respondeu Márcia feliz.

Como dois adolescentes, eles saíram de mãos dadas, confiantes no caminho que trilhavam e no amor que sentiam.

Deixando Márcia, Raul tomou a direção de sua casa. Apesar de o corpo dar sinais de cansaço, seu coração vibrava pela vida, compreendendo quão sublime é toda a criação de Deus e que Sua justiça se faz presente, sempre.

Assim que entrou, sua mãe abraçou-o e perguntou:

— Então, filho, como foi seu dia no hospital?

— Como sempre, mãe, muito trabalho. Convivemos com a dor vinte e quatro horas e, por mais que eu não queira me envolver, vou ser sincero, mãe, às vezes não consigo, como hoje, por exemplo.

– O que aconteceu, algo diferente, especial?

Percebendo a expressão de tristeza do filho, ela disse:

– Se não quiser falar do assunto, meu filho, eu entendo; sei que deve ser difícil para você chegar em casa e ter de relembrar as situações conflitantes que enfrenta no dia a dia do hospital.

– Não, mãe, gosto quando a senhora se interessa pelo meu trabalho e mais ainda de poder conversar com a senhora, desabafar, enfim, deixar cair minha fortaleza e ser apenas o Raul, o seu filho.

Judite sentiu um carinho enorme por aquele filho que tanta alegria lhe proporcionava.

– Você sabe que enquanto Deus permitir que eu continue aqui, na Terra, o seu bem-estar, a sua felicidade serão sempre prioridades para mim. Orgulho-me de você, meu filho; sua integridade, seu caráter e seu amor ao próximo; você é uma bênção na minha vida.

Sensível, Raul abraçou a mãe, beijando respeitosamente aquela mulher corajosa, que tudo fizera para que ele se tornasse um homem de bem, na vida espiritual e na profissional.

– Mãe, posso ser uma bênção para a senhora, como diz, mas, maior bênção é tê-la como mãe amorosa, sempre ao meu lado, apoiando-me e dizendo tudo o que preciso ouvir nas minhas horas de dúvida. Não me importo de falar sobre o meu dia no hospital, principalmente para a senhora, ao contrário, sinto-me relaxado porque sei que vou ouvir palavras de incentivo, exatamente o que preciso ouvir nesses instantes.

– Então, diga-me, filho, o que aconteceu que marcou tanto esse coração generoso?

Sentando-se ao lado de sua mãe, Raul contou-lhe:

— Mãe, hoje perdemos mais um paciente, o que está se tornando natural, pois a maior parte deles está em uma fase terminal. Mas, com Roberto foi um pouco diferente; emocionei-me com sua transformação espiritual; com sua história de desatinos e inconsequências. Suas palavras de agradecimento; a sua consciência dos erros cometidos; seu arrependimento e sua lucidez de que havia escrito uma história imprudente, que lhe trouxe uma colheita difícil; tudo isso, mãe, fez-me pensar que nada está perdido, que chega uma hora em que o homem enxerga a si mesmo e se vê como realmente é: imprudente, leviano e distraído o suficiente para mergulhar na ilusão que o leva ao abismo. Márcia e eu ficamos emocionados e felizes ao mesmo tempo por presenciar sua recuperação espiritual.

Judite, sem perceber, sentiu seus olhos umedecidos por pequenas lágrimas de emoção.

— Meu filho, tudo isso deve lhe dar a certeza de que seu comportamento sério e fraterno está deixando marcas no coração de seus pacientes. A palavra tem muita força, mas se torna vazia sem o exemplo de amor e fraternidade com que tratamos as pessoas; nossas atitudes em relação ao próximo mostram o conteúdo das palavras ditas.

— Procuro agir da maneira que aprendo no Evangelho de Cristo, mãe. Onde mais podemos encontrar a verdade senão nas palavras de Jesus?

— Infelizmente, muitas pessoas pensam de maneira diferente, Raul; julgam-se conhecedoras da vida e se perdem no engano, sem se darem conta disso. É uma pena, porque todos seríamos mais felizes se respeitássemos o outro, entendendo que para cada propósito existe um tempo, e esse tempo é diferente para cada pessoa.

Raul se surpreendeu com as colocações de Judite.

— Mãe, estou surpreso e feliz ao mesmo tempo por perceber sua lucidez; onde tem aprendido todos esses conceitos de evolução?

— Raul, você se esquece de que sou espírita, frequento com assiduidade o centro espírita e leio com frequência os livros doutrinários que tantos esclarecimentos nos trazem? De que adiantaria tudo isso se eu relutasse em trazer o conhecimento para o meu dia a dia? No mínimo seria uma tola! – exclamou Judite.

— Creia, mãe, suas palavras e sua maneira de agir só trazem alegria ao meu coração e a certeza de que a senhora sempre foi realmente uma bênção em minha vida.

— Você está exagerando, Raul, sou um pequeno grão de areia na imensa praia de conhecimento e amor que é você.

— A senhora deu-me as condições para aprender, apenas sigo o seu exemplo.

Beijou sua mãe e, ao dirigir-se ao seu quarto para o merecido descanso, ouviu-a perguntar:

— Como vai o seu caso com a psicóloga?

— Queria mesmo falar com a senhora sobre Márcia; estamos namorando e, para ser fiel à verdade, estou completamente apaixonado por ela e sei que ela também está por mim.

— Esqueceu-se de vez de Solange?

— Completamente, mãe, acredito até que nunca a amei de verdade, o que sentia por ela era um carinho muito grande que hoje sei que não chegou a ser amor. Nós não tínhamos nenhuma afinidade; pensamos muito diferente, agimos mais diferente ainda, enfim, o que sinto por Márcia é um sentimento muito forte, que sei que vai durar para sempre.

— Fico muito feliz por você, meu filho; imagino que devem se entender muito bem.

— Muito bem mesmo, mãe; Márcia pensa como eu, não interfere nem me cobra nada, entende meu trabalho com os pacientes e me dá a maior força para que eu continue sendo o que sempre fui para eles. Dedica-se a eles com o maior carinho; é realmente uma pessoa especial.

— Gostaria de conhecê-la, Raul! — exclamou Judite.

— Na primeira oportunidade vou trazê-la aqui, quero muito que se conheçam. Penso que a senhora vai se dar muito bem com ela.

— Traga-a para almoçar conosco; farei uma comidinha especial.

Diante do sorriso de Raul, Judite perguntou:

— Por que está rindo, falei algo que não devia?

— Não, mãe, a senhora falou o mesmo que eu disse a ela.

— O quê?

— Disse que a senhora ia fazer uma comida especial.

— E ela?

— Sorriu e falou que era uma pessoa muito simples e que não precisava fazer nada de especial.

— Tudo bem, mas quando for trazê-la avise-me um dia antes, quero recebê-la bem.

— Tudo bem, dona Judite, aviso-a um dia antes.

— Agora, se a senhora me der licença vou tomar um banho e descansar.

— Vá sim, meu filho, deve estar bem cansado.

Raul dirigiu-se ao seu quarto. Judite, ao vê-lo sair, pensou:

"Obrigado Senhor por ter me presenteado com esse filho maravilhoso; que ele seja muito feliz, creio que merece".

"A natureza deu à mãe o amor pelos filhos, no interesse de os preservar. No animal esse amor é limitado às necessidades materiais, e cessa quando os cuidados se tornam dispensáveis. Nos homens, não: persiste por toda a vida, comportando um devotamento e uma abnegação que são virtudes. Sobrevive mesmo à própria morte e acompanha o filho além do túmulo. Se o amor materno é uma lei natural, por que existem mães que odeiam os filhos, e frequentemente desde o nascimento? Às vezes, é uma prova que o espírito do filho escolheu, ou uma expiação, se aconteceu ter sido um mau pai, ou mãe perversa, ou mau filho, noutra existência. Em todos os casos, a mãe desnaturada não pode deixar de ser animada por um mau espírito que procura criar embaraços ao filho, a fim de que sucumba na prova que buscou. Mas, essa violação das leis da natureza não ficará impune e o espírito do filho será recompensado pelos obstáculos de que haja triunfado[5]."

---

5. Kardec, Allan. *O Livro dos Espíritos*. Terceira Parte. Cap. XI. Item IV, questões 890 e 891. São Paulo: Opus. p. 214.

A queda de Solange

Após terminar seu noivado com Raul, Solange se entregou à vida que acreditava ser a única maneira de desfrutar realmente os prazeres que a satisfaziam.

Sempre vaidosa, colocava sua beleza cada vez mais em evidência, cultivando o corpo por meio de ginástica em academias; cremes e horas intermináveis em salões de beleza.

Há muito esquecera seu diploma, e o sonho acalentado na adolescência, de trabalhar exercitando sua profissão com dignidade, ficara guardado no velho baú do passado.

Seus pais tentavam alertá-la para os perigos a que se expunha, mas, iludida e perdida no seu egocentrismo, ela não os escutava.

Havia algum tempo namorava Murilo, rapaz bonito, rico e tão envolvido em si mesmo quanto ela. Os dois, filhos de pais ricos e importantes, ocupavam o tempo com viagens e aparições em sociedade. Sem construírem nada de sólido, levavam a vida no eterno recreio.

Sua mãe, preocupada com o rumo que sua vida estava tomando, disse:

— Solange, devemos levar nossa vida com responsabilidade, evitar comportamento de risco e prestar atenção no que estamos fazendo com nossas horas vagas. Se permanecemos muito tempo ociosos, se não preenchemos nossa vida com trabalho digno, é preciso repensar nossa posição para não cairmos no engano que nos leva ao sofrimento. Você não se envolve com nada que a faça crescer e eu me preocupo com seu futuro.

Altiva, Solange respondeu:

— Mãe, somos ricos o suficiente para ter certeza de que nada vai nos faltar, então se preocupar por quê? Para que trabalhar se não há a menor necessidade?

— Solange, na nossa vida não é só o dinheiro que conta, existem coisas muito mais importantes, minha filha.

— O quê, por exemplo?

— Ora, filha, não pensar somente no rótulo que geralmente impressiona as pessoas e tentar viver com mais conteúdo; a vida não consiste apenas em viagens e festas. Não devemos nos esquecer de que somos mais que um corpo físico e do mesmo jeito que cuidamos desse corpo, devemos cuidar do nosso espírito, cultivando os valores da nossa alma.

Um pouco irritada, Solange retrucou:

— Mãe, eu lhe peço, pare com essa mania de querer me dominar, tenho idade suficiente para saber tomar conta de mim; sei muito bem o que quero e o que me faz feliz. Por que não tenta entender isso?

— Tanto sabe que perdeu um dos homens mais dignos que conheci; você seria feliz com Raul, Solange, mas não se deu conta disso.

— Por favor, mãe, vim apenas lhe dizer que vou passar alguns dias no litoral com Murilo, entretanto, estou ouvindo um sermão.

— Filha, você não acha que está exagerando? Mal para em casa; o Murilo, então, diz que trabalha com o pai, mas nunca aparece no escritório.

— Mamãe, somos jovens e queremos aproveitar ao máximo nossa juventude. Graças a Deus Murilo não é como Raul, que vivia enfiado naquele hospital, cuidando de doentes sem nenhuma chance de viver.

— Não sei, Solange, mas talvez Raul tenha razão, ninguém adoece porque quer.

— Porque quer não adoece mesmo, mas por descuido, sim. Mãe, raciocine comigo: se eles tomassem cuidados, principalmente saindo e se relacionando com pessoas limpas e bonitas, não teriam se contaminado.

— Nisso você tem razão, filha, o cuidado e a prudência se fazem necessários em qualquer circunstância da nossa vida; cuidar da nossa saúde é responsabilidade nossa, mas também não devemos julgar como se estivéssemos acima de qualquer possibilidade de erro. Certa ocasião ouvi de um médico que quem vê cara não vê aids. E isso é uma verdade. Como saber quem está contaminado? A pessoa não sai apregoando isso por aí.

— Mamãe, pare com isso. Veja o Murilo: bonito, rico, chique, inteligente. A senhora acha mesmo possível uma pessoa assim ser portadora do vírus da aids ou qualquer outro? Não se preocupe, mãe, com ele estou tranquila.

— Não penso como você, filha, todas essas qualidades que mencionou nada significam se aliadas a ela não houver prudência, mas, como você acabou de dizer, já tem idade suficiente para saber o que está fazendo. Só lhe peço para não se exceder.

— Pode ficar despreocupada, mãe, sei me cuidar.

— Solange, não estou despreocupada; ao contrário, preocupa-me muito seu relacionamento com Murilo. Às vezes, comparo-o com o seu ex-noivo Raul. O respeito com que Raul a tratava não vejo em Murilo.

— Mamãe, não acredito, moralismo na minha idade!

Com muita paciência sua mãe tentava orientá-la.

— Não, filha, não se trata de moralismo, mas tudo o que fazemos, principalmente o sexo, tem de ter uma razão maior e mais íntegra para acontecer. Você está sempre viajando com seu namorado e eu nunca escutei você dizer que o amava.

Para o assombro de sua mãe, Solange respondeu:

— Mas não o amo, mamãe! Ele é apenas meu namorado, com o qual gosto de sair e me divertir, só isso. Ainda não sinto por ele um sentimento forte que me faria passar o resto da vida ao seu lado.

— Filha, filha, respeite-se — disse atônita. — Não agrida seu corpo dessa maneira, não violente sua alma. Ouça o que vou lhe dizer: quem *transa* não ama; quem ama não *transa*, preserva-se.

— Mãe, de quem a senhora ouviu isso?

— De um frei franciscano, jamais esqueci.

E sua mãe continuou:

— A afirmação parece dura, mas é bem direta e verdadeira. Mostra uma realidade inquestionável: quem faz sexo com uma pessoa que não ama, acaba fazendo com todo mundo sem medir consequências, e arrisca a própria vida; isso é suicídio. Filha, quem ama verdadeiramente não sai por aí fazendo sexo com qualquer um, porque preserva e respeita o ser amado.

— Nossa, mãe! Você está pegando pesado!

— Não, Solange, estou falando a verdade, tentando lhe mostrar que precisa agir com mais responsabilidade e prudência.

Não quero interferir na sua vida, mas alertá-la para os perigos a que se expõe agindo de maneira imprudente e precipitada. O sexo deve ser uma consequência do amor real, e não uma brincadeira para passar o tempo, aproveitar a vida, como você diz.

Surpresa com a atitude da mãe, Solange disse:

– Puxa! Como a senhora mudou; o que a fez transformar-se assim?

– Nada, filha, apenas presto atenção nas coisas que ouço e, analisando, percebo quanta verdade existem nelas.

– Do que a senhora está falando?

– Solange, frequento semanalmente uma casa maravilhosa que ensina e explica a doutrina espírita. Encontrei tanta lógica e coerência nesses ensinamentos que comecei a rever meus valores, só isso.

Irritada, Solange respondeu:

– Ah, não! Do Espiritismo quero distância.

– É um direito seu, minha filha, mas não devemos maldizer ou criticar o que desconhecemos.

– Já ouvi falar dessa doutrina, mãe.

– Solange, quem apenas conhece, nem sempre sabe, e é nesse julgamento que cometemos erros, ou seja, criticamos algo que apenas ouvimos falar, mas de que na realidade nada sabemos.

Querendo encerrar o assunto, que para ela estava se estendendo mais que o desejado, Solange disse à mãe:

– Bem, mãe, se a senhora não se importa, vou arrumar minhas coisas. Murilo ficou de passar para me apanhar daqui a uma hora.

Afastando-se, deixou a mãe intranquila, entregue aos seus pensamentos.

✹

Os dois namorados caminhavam pela praia quase deserta.

Solange sentia-se desconfiada e inquieta. Completara vinte dias que desfrutava as delícias que o litoral oferecia, ao lado de Murilo, que a tratava com gentileza e atenção.

Percebeu que sua menstruação não viera e lembrou-se das palavras de sua mãe. Nunca acontecera um atraso e temia uma possível gravidez. Tentava afastar esse pensamento, mas algo muito forte trazia-o de volta, deixando-a insegura e temerosa.

"Meu Deus", pensava "isso não pode estar acontecendo comigo; sempre fui cuidadosa, não é possível. Se acontecer o que estou temendo, o que vou fazer, como vai ser?"

A voz de Murilo trouxe-a de volta à realidade.

– Querida, você hoje está tão absorta, longe; está com algum problema?

– Não sei, Murilo, não sei ainda se estou com problema; espero que não.

– Então, sorria, deixe as preocupações de lado e vamos aproveitar esse sol maravilhoso; venha, vamos cair na água.

Sorrindo, puxou-a pelas mãos e ambos, como duas crianças, jogaram-se no mar brincando e sorrindo.

Pela primeira vez Solange percebeu que Murilo fugia sempre de conversas mais sérias; seus assuntos não tinham nenhum conteúdo; dizia sempre que o que realmente importava na vida era ser feliz e ele tinha condições para isso, pois não precisava se preocupar com trabalho.

"Solange, nossos pais são ricos o suficiente, a nós cabe aproveitarmos a vida, somos jovens."

Esse pensamento a incomodou.

Dez dias se passaram.

Sentados na varanda da casa, em confortável cadeira de balanço, Murilo e Solange, de mãos dadas, apreciavam o entardecer maravilhoso do litoral. Admiravam os últimos raios de sol que banhavam as águas claras e azuis daquele mar envolvente. O som gostoso das ondas quebrando na areia convidava-os a sonhar.

— Querida, amanhã cedo retornaremos à nossa cidade. Que pena, foram dias inesquecíveis que passei ao seu lado.

Solange não escutava a voz de Murilo. Seu pensamento concentrava-se no que ela temia: "estaria grávida?", perguntava a si mesma. Amedrontava-se temendo a resposta. Não conseguia entender como acontecera, pois sempre tomara as medidas de precaução. Pensou em sua mãe e lembrou-se de suas palavras. Seu coração se apertou em seu peito e o medo tomou conta de seu ser.

Murilo, percebendo seu silêncio, também se inquietou, julgando ter feito alguma coisa que a tivesse magoado.

— Solange, por que está assim tão calada, com o pensamento longe? Fiz alguma coisa que a magoou, por favor, se for isso me desculpe, jamais tive a intenção de ofendê-la. Vivemos dias maravilhosos, não quero que retorne com uma impressão errada de mim. Diga-me o que a está deixando assim triste.

Encorajada, Solange respondeu:

— Murilo, você não fez nada, ou melhor, nós fizemos tudo.

— O que está querendo dizer, Solange, fizemos tudo o quê?

— Estou querendo dizer que desconfio que possa estar grávida.

A reação de Murilo surpreendeu Solange. Ele deu um salto e ficou de pé. Seu rosto lívido não lembrava nem de longe a expressão feliz de minutos atrás. Solange assustou-se com a sua reação e, insegura e medrosa, começou a chorar.

Murilo, irritado e sem conseguir disfarçar seu nervosismo, deu vazão ao que lhe ia na alma. Quase aos gritos disse:

— Pelo amor de Deus, Solange, diga logo que isso é uma brincadeira, por favor.

Tímida, Solange disse:

— Não posso, Murilo, ou melhor, não sei de nada com certeza ainda, apenas que existe sim a possibilidade, mas somente um exame poderá confirmar ou não uma gravidez. É melhor ficar calmo, Murilo, vamos aguardar; assim que voltarmos, vou procurar um médico.

Cada vez mais irritado, Murilo respondeu:

— E você me pede para ficar calmo? Diga-me como posso ficar calmo diante da possibilidade de ser pai neste momento da minha vida! Para você é fácil falar, Solange!

Decepcionada com ele, ela disse asperamente:

— Espere aí, Murilo, do jeito que você está agindo dá a impressão que sou a única culpada, esqueceu que fomos nós dois que nos descuidamos? Ou acha que está isento de tudo? Deixe de agir como um adolescente, Murilo, aja como um homem.

— Não posso, Solange, estou muito nervoso!

— Murilo, não tenho certeza de nada, mas se confirmar o que suponho, não vamos fazer disso uma tragédia. Não vou lhe cobrar nada, fique certo disso. Não pretendo me casar com você; tenho condições de criar meu filho sozinha.

Murilo por alguns instantes silenciou. Depois disse à Solange:

— Estou pensando, Solange, se acaso se confirmar a gravidez, você... bem... você poderia tirar essa criança, está ainda no início, nem existe ainda. Dar-lhe-ei toda a assistência.

Ao ouvir a sugestão do namorado, Solange sentiu dentro de si uma força até então desconhecida por ela própria e, com determinação, respondeu:

— Murilo, escute bem o que vou lhe dizer, posso ser frívola, inconsequente, arrogante, o que quiserem que eu seja, mas jamais cometerei esse ato infame de matar meu próprio filho, tenha plena convicção disso. Peço a você que não toque mais nesse assunto se tiver interesse em manter um bom relacionamento comigo. Caso a gravidez se confirme, vou ter esse filho, e isso é definitivo.

Assustado com a posição tomada pela namorada, que demonstrava uma coragem que jamais poderia supor que tivesse, Murilo deixou-se cair na cadeira e, desalentado, com o rosto coberto com as mãos, disse com voz trêmula:

— Para que ter um filho que vai nascer condenado?

Solange levou um choque.

— Condenado? — repetiu Solange. — Mas do que é que você está falando? Condenado por quê?

Completamente temeroso da reação de Solange, Murilo disse:

— Querida, perdoe-me se a magoei falando dessa maneira tão áspera, mas a verdade é que não podemos ter esse filho, mesmo que eu queira.

Sem nada entender, Solange perguntou aflita:

— O que está querendo dizer, Murilo, pelo amor de Deus, fale de uma vez!

— Sinto-me envergonhado em confessar isso, mas sou portador do vírus HIV.

Solange sentiu faltar-lhe o chão. Seu coração bateu descontrolado, seus olhos encheram-se de lágrimas e suas mãos começaram a tremer. Quase sem voz perguntou:

— Pelo amor de Deus, Murilo, diga-me por que nunca me contou. Você tem noção do que isso significa para mim e, agora, para a criança? Você estava brincando comigo, é isso?

– Não, Solange, não é isso, tinha muito medo de perdê-la.
– E agiu como um moleque, sem o menor respeito por mim.

Sentindo nascer uma pequena esperança, Solange perguntou a Murilo, temendo a confirmação:

– Você já desenvolveu a doença; está com aids?

Diante da confirmação, Solange sentiu-se desfalecer e, sem que Murilo pudesse ampará-la, caiu desmaiada.

* * *

Alguns dias se passaram.

Solange e sua mãe, Isabela, conversavam sobre seu futuro, trocavam ideias sobre as providências que deveriam ser tomadas, já que a gravidez fora confirmada por exames de sangue. O pior acontecera, Solange era soropositiva. Abatida, mantinha sua cabeça apoiada no colo de sua mãe e ouvia com interesse tudo o que esta lhe dizia.

– Filha, não se torture, o que aconteceu não se pode mudar. Daqui para a frente, você deve fazer o melhor para você e esta criança. Gostaria que fosse falar com Raul, ele poderá lhe indicar um bom especialista para cuidar de você e do bebê. O que não podemos é perder a fé em Deus, ela vai nos dar forças para enfrentar os dias difíceis que virão.

– Mãe, perdoe-me, mas não tenho coragem de procurar Raul. Fui grosseira, estúpida e prepotente; julguei-me melhor que seus doentes e hoje sou igual a eles.

– Filha, existe momento na nossa vida que o que menos importa é o nosso orgulho, é preciso ter humildade para aceitar que precisamos de ajuda e procurar as pessoas que realmente podem nos ajudar. Raul é uma dessas pessoas. Ele jamais vai recriminá-la ou julgá-la, é muito digno para isso. Ele e a Márcia sempre colocam o amor fraternal acima de qualquer julgamento. Procure-o para o bem de seu filho e o seu também; tenho certeza de que ele vai ajudá-la.

– Acho que a senhora tem razão; vou procurá-lo agora mesmo.

– Vá, minha filha, tenho muita confiança em Raul, como médico e ser humano.

Solange foi até seu quarto arrumar-se para ir ao encontro de Raul no hospital, mas, sem que pudesse se controlar, jogou-se na cama permitindo que copiosas lágrimas caíssem sobre suas faces.

"Meu Deus, o que fiz com minha vida?", perguntava-se mergulhada cada vez mais no desespero e no pranto. "Por que não dei ouvidos aos conselhos de minha mãe? Agora é tarde, de que adianta me arrepender?"

Isabela, ouvindo os soluços de sua filha, entrou em seu quarto e, dando vazão ao seu enorme amor materno, abraçou-a, tentando passar-lhe confiança.

– Mãe, não me toque, poderei contaminá-la!

– O que é isso, minha filha, você não vai me contaminar com esse abraço.

– Sei que a família nunca aceita o *aidético*, e eu sou uma. Vocês não são diferentes.

– Que bobagem está falando, minha filha? Eu e seu pai a aceitamos, sim; você é nossa filha, amamos você e vamos continuar a amando, não importa o que lhe aconteça. Será sempre nossa filha querida!

Solange, agradecida, respondeu:

– Obrigada, mãe, eu também amo muito vocês e me arrependo de não ter dado ouvidos aos seus conselhos.

– Isso agora não importa; quero que saiba que vamos ajudá-la a lutar pela vida, sua e de nosso neto; daremos a você a segurança e o afeto de que necessita, confie em seus pais.

Mais uma vez, a ternura materna venceu o medo de Solange que, confiante, entregou-se ao doce embalo.

* * *

Doutor Raul, Solange aguarda-o em sua sala.

– Solange? – perguntou Raul, surpreso e admirado.

– Sim, doutor, e não me parece bem. Pude observar seu estado abatido; será que está doente? – perguntou a secretária.

– Não sei. Não a vejo há muito tempo, mas logo saberei – com passos rápidos dirigiu-se à sua sala.

Ao entrar, deparou com Solange sentada timidamente em uma cadeira. Olhar vago, temerosa, insegura e enfraquecida, longe estava daquela moça voluntariosa e autoritária que fora durante todo o relacionamento deles. A beleza de seu rosto chocava-se com a expressão de medo e sofrimento que transparecia de seus olhos.

– Como vai, Solange?

Aproximando-se, fez menção de depositar um beijo em seu rosto e, instintivamente, Solange recuou. Raul, sem perder a calma e o equilíbrio que lhe eram peculiares, indagou o porquê de tal atitude.

– O que está havendo, Solange, por que repele um amigo?

– Porque você pode se contaminar e não merece isso.

Raul não conseguiu esconder o seu espanto.

– Contaminar-me, com o quê, Solange; o que é isso agora?

Sem se conter, Solange começou a chorar e, em desespero, relatou tudo o que lhe acontecera. Por fim, pediu-lhe ajuda.

– Ajude-me, Raul, pelo amor de Deus. Esqueça tudo o que a minha leviandade me fez falar; perdoe minha incompreensão e minha crueldade ao me referir aos seus pacientes. Esqueça tudo, eu lhe imploro, estou perdida e completamente sem rumo, não sei o que fazer.

As lágrimas desciam dando vazão à sua angústia.

Raul, sentindo tristeza em seu coração, como um pai com pena do sofrimento da filha, abraçou-a e disse:

– Não se magoe tanto, Solange, vou ajudá-la; enxugue essas lágrimas, crie coragem e vamos enfrentar essa batalha juntos e confiantes. Conheço um ótimo profissional na área de obstetrícia, o dr. Jerônimo. Vou apresentá-la a ele e tenho a mais absoluta certeza de que ele cuidará de você e de seu filho com dedicação.

Parou, pensou um pouco, e, com cuidado, continuou:

– Pedirei a Márcia que a acompanhe nessa gestação, dando-lhe um bom suporte emocional. Veja, Solange, quantas pessoas poderão ajudá-la! Não se sentirá só. O importante, agora, é manter a calma e seguir à risca todas as orientações médicas para ir ao encontro de um resultado satisfatório.

Diante do silêncio de Solange, Raul a incentivou a desabafar.

– Por que está se martirizando desse modo, Solange? Isso, agora, não vai lhe trazer nenhum benefício, nem a você, nem à criança.

Criando coragem, Solange respondeu:

– Sinto-me envergonhada por tudo o que lhe disse. Hoje sei que podemos errar sem perceber; como pude ser tão implacável com os internos deste hospital? Precisei afundar na dor para aprender a compreender a dor alheia. O corretivo pela minha imprudência foi duro demais, Raul.

— Solange, você não gosta de falar sobre isso, eu sei, mas, a Lei de Ação e Reação existe para todos; para as Leis Divinas não existem dois pesos e duas medidas; o importante é perceber o engano no qual se entregou e evitar cair novamente no mesmo erro.

— Quem podia imaginar que um rapaz bonito, de família rica e bem constituída, educado, culto fosse ser soropositivo? Nunca passou pela minha cabeça, Raul, que isso pudesse acontecer.

— Solange, tudo isso deixa de ter importância se a pessoa toma atitudes de risco e, como agora você bem sabe, o vírus está no comportamento; nos relacionamentos levianos e sem proteção; nas drogas; enfim, em todas as situações que anulam a prudência.

Ele ofereceu-lhe um copo com água para que se acalmasse um pouco e perguntou:

— E, Murilo, qual é a sua posição diante de tudo isso?

Solange esboçou um sorriso irônico e respondeu:

— Murilo? Ele viajou assim que retornamos do litoral, nem quis saber de compromisso; disse que iria viajar sem data para voltar. Deixou-me a responsabilidade do futuro dizendo-me que iria aproveitar a vida antes que a doença o matasse.

— Desculpe-me a pergunta, Solange, mas, você o ama?

— Não! A mim ele não faz falta, mas com certeza fará ao filho, que tem direito a ter um pai, mesmo que seja por pouco tempo.

— Não o julgue, Solange. Ele também sofre, mais ainda pelo fato de carregar o peso da culpa por tê-la enganado. Hoje lhe falta coragem para enfrentar a dificuldade, mas, com o passar do tempo, quem sabe?

— Raul, como fui tola e egoísta. Como pude pensar que o mundo me pertencia e que iria satisfazer as minhas vontades por eu achar que era o centro do Universo? Agora, veja o sofrimento em que me encontro.

— Solange, não é só você que age assim. O dia em que a humanidade perceber que a casa pertence a todos, muitos sofrimentos serão evitados, mas enquanto isso não acontecer, teremos de amargar a dor gerada por nossa própria imprudência e egoísmo. O que não devemos temer nem desprezar é a sagrada oportunidade do recomeço.

Solange ouvia com interesse as palavras de Raul. Por um breve momento, deu-se conta do valor moral daquele homem que um dia fora seu noivo e ela, mergulhada em seu tolo orgulho, não soubera compreender.

Mais calma e bem mais confiante, despediu-se de Raul, que prometeu marcar para o dia seguinte uma consulta com Jerônimo.

Assim que a viu partir, Raul entregou-se às suas reflexões; sabia que mais uma vez a Lei de Causa e Efeito se fazia presente.

"Por quê, meu Deus, os homens, todos nós, somos tão inconsequentes, distraídos o bastante para não conseguir perceber o abismo em que afundamos quando desprezamos o bom senso? Quando nos tornamos escravos do orgulho, do egoísmo e da vaidade sem controle? Vemos o mundo com a nossa ótica e ela sempre nos mostra o que queremos ver, ou seja, vemos e damos importância às coisas que nos beneficiam de um modo ou de outro. Somos tolos o suficiente para fecharmos os olhos para o que realmente importa; o que nos eleva à condição de verdadeiras criaturas de Deus, pensando e agindo em concordância com as Leis Divinas."

Pegando o telefone, ele solicitou à secretária que pedisse à Márcia que assim que pudesse viesse ter com ele em sua sala. Pouco depois, Márcia entrou em seu consultório atendendo ao seu chamado.

— O que aconteceu, Raul, algum problema urgente?

— Sim, Márcia, recebi a visita de Solange, ela está com problemas e veio pedir ajuda.

— Problemas de saúde?

— Sim.

Raul colocou Márcia ciente de tudo o que acontecera.

— Queria pedir-lhe um favor, Márcia: poderia ajudá-la, equilibrando seu emocional? Creio que ela vai precisar muito de alguém que lhe dê sustentação; se você não se importar, claro.

— Raul, você não pensou nem por um instante que eu me negaria a ajudar, Solange, pensou? — perguntou indignada.

— Claro que não, meu bem, conheço-a o suficiente para saber quem você é.

Com charme, Márcia perguntou:

— E quem sou eu?

Segurando-lhe as mãos, Raul respondeu:

— A melhor pessoa que conheço e a mulher que amo!

— Ainda bem que foi rápido na resposta — disse Márcia brincando.

— Aceita tomar um café com seu namorado apaixonado? — perguntou Raul.

— Claro, jamais recusaria um pedido seu, principalmente para um café.

Caminhando lado a lado, ambos seguiram em direção à cantina do hospital.

Eram dois espíritos afins, que exerciam com dedicação e amor fraternal a sagrada missão de cuidar de doentes.

"Todos cometemos falhas e imprudências, e necessitamos da misericórdia de Deus para consertarmos nossos erros e nos ajustarmos à vida. Se nosso Pai nos concede esse direito por meio de novas oportunidades para recomeçar, por que nos achamos no direito de julgar aquele semelhante que nos magoou?[6]"

---

6. Irmão Ivo. *A essência da alma*. São Paulo: Lúmen Editorial. 2006.

Enfrentando a realidade

Márcia, entrando na sala de Raul, disse:
— Raul, conforme havíamos combinado já agendei sua palestra.
— Está ótimo, Márcia, já estou me preparando, não posso perder essa oportunidade de levar esclarecimentos a todos que, de uma maneira ou de outra, acham-se envolvidos com o problema do HIV.
— Que bom, já estamos divulgando o evento — concluiu.
— Como está fazendo isso?
— A divulgação está sendo feita por meio de convites que enviamos para as famílias dos pacientes, além de cartazes colocados no saguão do hospital, para que caso alguém se interesse, saiba que será bem-vindo.
— Muito bem, gostaria que não se esquecesse de convidar Solange, será muito importante para ela.
— Já fiz isso e ela confirmou presença.
Como um menino travesso, Raul aproximou-se da namorada e deu-lhe um beijo no rosto.

— O que é isso, doutor — disse Márcia feliz —, estamos no hospital, esqueceu?

— Não, não me esqueci, isso é para lembrá-la que eu a amo!

— Jamais vou me esquecer, dr. Raul, aliás, é bom lembrar que eu também o amo!

— Como é bom ouvir isso de você!

— Bem — disse Márcia —, queria saber se você conseguiu marcar a consulta com o dr. Jerônimo.

— Sim, ele a espera amanhã às dez horas; iria mesmo pedir à secretária que a avisasse. Gostaria que após a consulta, se você estiver com tempo, conversasse com ela, pode ser?

— Claro. Já lhe disse que pode contar comigo, farei tudo para ajudá-la nesse momento, basta ela querer.

— Ela quer. Obrigado, querida, sabia que podia contar com você.

***

Solange retraidamente entrou no consultório de Jerônimo. Deixava transparecer seu enorme nervosismo nas mãos que apertava quase inconscientemente.

Sua mãe reforçara a certeza de que a melhor pessoa para ajudá-la seria Raul e Márcia e que deveria confiar no médico indicado por ele, e em Márcia que, com certeza, iria lhe dar o suporte necessário para vencer a angústia que sentia.

— É importante que você confie neles, minha filha, são pessoas de bem, fraternas e jamais farão qualquer coisa para aumentar sua aflição.

Lembrando-se disso, ela levantou a cabeça e sentiu-se melhor.

— Entre, Solange, aguardava sua chegada — disse Jerônimo.

– Obrigada, doutor, por me atender assim com essa urgência.

– Jamais negaria um pedido do meu amigo Raul, mas fique à vontade.

– Quero que me desculpe, estou um pouco nervosa; muito ansiosa e apreensiva; para dizer a verdade, com muito medo.

– Relaxe, não tenha medo, vamos conversar com calma; estou aqui para ajudá-la.

– Obrigada.

– Diga-me, você já fez o exame que confirma ou não sua contaminação?

– Já, doutor, e deu positivo... – Enquanto as lágrimas desciam copiosas, ela repetia: – Sou soropositiva e estou grávida, entende agora o meu desespero?

– Calma, minha filha, é preciso ter calma, desespero não ajuda em nada, só atrapalha. Não veja nisso uma condenação à morte – disse Jerônimo paternalmente; a contaminação do feto vai depender e muito da sua adesão ao tratamento, mas não só disso.

– Mas o que devo fazer?

– Primeiro vou solicitar um exame, que é a contagem dos linfócitos CD4 e a carga viral. Eles vão dar uma ideia de como está a defesa do seu organismo e a que tipo de tratamento deverá se submeter. Márcia vai ajudá-la, acompanhando-a durante a gestação. É muito importante não se entregar ao desânimo nem à tristeza, mantenha a confiança e a esperança que se Deus assim o permitir vai acontecer o melhor. O estado emocional de uma gestante é de grande importância.

Solange foi se sentindo mais calma.

Após o término da consulta, o médico entregou-lhe o pedido do exame.

– Assim que estiver pronto, traga-o para mim, sem demora.

– Obrigada, doutor, assim o farei; confio no senhor e sei que fará o melhor por mim, dentro da possibilidade da medicina, claro.

– Você sabe, Solange, a medicina não é uma ciência exata, lida com imprevistos, com seres humanos, e cada indivíduo é único e assim deve ser tratado. Muitas vezes somos surpreendidos com fatos inesperados, tanto para o sucesso, como para a perda de um procedimento; mas devemos sempre esperar o melhor e empregar todos os nossos esforços para que isso aconteça.

– Muito obrigada, mais uma vez; agora, se o senhor me der licença vou falar com Márcia.

Saindo do consultório, Solange dirigiu-se à sala em que Márcia estava.

– Com licença... posso entrar?

Márcia a recebeu com um sorriso no rosto.

– Solange, por favor, entre, sente-se aqui, muito me alegra vê-la.

– Obrigada, Márcia.

– Falou com o dr. Jerônimo?

– Estou vindo de sua sala – respondeu Solange, não tão à vontade como gostaria.

– Vamos conversar um pouquinho. O que achou dele... Gostou?

– Sim, Márcia, gostei muito, passou-me confiança; deixou-me um pouco mais segura; enfim, você deve saber como tudo isso está sendo difícil para mim.

– Você está nas mãos de um excelente médico, é justo que se sinta confiante.

– Acredito que sim, Márcia.

O silêncio reinou por breves instantes, até que Solange perguntou um pouco tímida:

— Márcia, você está mesmo disposta a me ajudar?

— Claro, Solange, por que não estaria?

— Não sei, de repente por eu ter sido noiva de Raul, por ter falado tanta bobagem, sei lá.

— Solange, esqueça isso, é passado; agora, o que importa é pensar unicamente na sua saúde e na do seu bebê. Todos nós vamos ajudá-la, estaremos ao seu lado enquanto for necessário.

— Acredito, Márcia, preciso acreditar em tudo o que me dizem para não enlouquecer.

— Você não vai enlouquecer; ao contrário, vai lutar com toda sua coragem, sua fé e seu otimismo, mostrando ao seu filho que começa a se formar que a mãe dele é uma guerreira.

— Márcia, como pude ser tão descuidada? Como pude pensar que estava acima do bem e do mal, que nada de ruim poderia acontecer comigo simplesmente por ser rica, jovem e bonita? Não passo de uma grande tola.

— Agora, Solange, não é hora de questionamentos. É hora de seguir as orientações e o tratamento proposto pelo dr. Jerônimo. Fica combinado que uma vez por semana você me procura para conversarmos, está bem?

— Para mim está ótimo, apenas acho que seria bom deixar marcado o dia e o horário para não haver contratempos.

O dia do atendimento foi devidamente estipulado.

Quando Márcia entendeu que a consulta havia terminado, Solange perguntou:

— Márcia, o que é morrer?

Márcia sentiu um leve tremor diante da pergunta inesperada, mas, recuperando rapidamente seu domínio, respondeu:

— Solange, na realidade, morrer é iniciar uma nova etapa da vida, ou melhor, retornar à nossa origem; é deixar de ser visto pelos encarnados, mas continuar existindo.

— Explique-me melhor – pediu Solange.

— Quando nosso corpo físico chega ao término de sua existência na Terra, nosso corpo espiritual levanta-se e percebemos, com surpresa para alguns, que continuamos pensando, sentindo, enfim, que continuamos com a nossa individualidade; somos exatamente o que éramos antes. Isso, Solange, porque a chama da vida não se acaba, ela existe pela eternidade. Morrer é renascer no mundo do qual viemos.

— Devo entender que a morte não existe?

— Deve entender que a morte nada mais é que uma transformação, mudança de dimensão, de mundo. Na criação de Deus nada morre, tudo se transforma, eis a nossa alegria.

— Mas todos aceitam com tranquilidade esse momento de mudança?

— Na realidade não, Solange. A maioria dos encarnados tem medo desse momento, sabe por quê? Porque raros são os que levam na bagagem espiritual apenas virtudes e acertos. Solange, quando vivemos de acordo com os ensinamentos do Evangelho de Jesus, abrigando em nosso coração sentimentos nobres como o amor, o perdão, a fraternidade e, principalmente, a fé em Deus, teremos mais facilidade de compreender e aceitar essa separação dolorosa porque sabemos que é apenas uma breve despedida.

— Minha mãe falou-me algumas vezes sobre isso, mas tudo é muito confuso para mim.

— Vamos devagar, sem pressa, sem ansiedade. Aos poucos você vai compreender. Tudo no tempo certo, Solange.

Solange sentiu que o tempo estava terminando.
Levantou-se dizendo:
— Bem, vou indo, Márcia, estarei aqui no dia aprazado, pode me aguardar.
Aproximou-se de Márcia e perguntou:
— Posso lhe dar um abraço?
— Claro, Solange, somos amigas, não somos?
— Somos sim, Márcia, e agradeço muito sua atenção — disse emocionada — tenha paciência comigo, vou precisar muito de você.
— Até outro dia, Solange, que Jesus a abençoe, vou esperá-la. Venha antes, se achar necessário.
— Tchau!
Márcia, ao vê-la afastar-se, pensou:
— É, não podemos culpar a vida pelos nossos sofrimentos, ela apenas responde às nossas ações, na maioria das vezes impensadas.

"*A vida é difícil, e não raro, penosa; entretanto, aqueles que têm fé e confiam na vida futura sabem que tudo neste mundo é passageiro e que a dor tem um tempo para durar e nos ensinar a promover nossa reforma interior*[7]."

* * *

Com o resultado dos exames nas mãos, Solange entrou no consultório de Jerônimo. Lívida, nervosa, entregou o envelope para o médico, que o abriu imediatamente.

---
7. Irmão Ivo. *A essência da alma*. São Paulo: Lúmen Editorial, 2006.

Os minutos que se seguiram pareceram, para Solange, intermináveis.

– Alegre-se, sua defesa está ótima, como em uma pessoa saudável. Vamos esperar completar o terceiro mês de gestação e você começará a tomar o AZT para evitar a contaminação do feto.

– Doutor, porque não posso começar a tomar agora? – perguntou angustiada.

– Calma, as coisas não são assim; se iniciar agora, antes de completar o terceiro mês, corre-se o risco de má-formação do feto.

Ansiosa, voltou a perguntar:

– O bebê, doutor, nascerá contaminado?

– Solange, obrigatoriamente não, tudo depende do grau de comprometimento imunológico da mãe, da carga viral, da adesão da mãe ao tratamento e do atendimento na hora do parto.

– O senhor se incomoda que eu lhe faça perguntas?

– Evidente que não, estou aqui para orientá-la em tudo, deixando-a o mais calma possível.

– Gostaria muito de saber o que é feito na hora do parto; desculpe-me, doutor, mas necessito saber tudo para conseguir me tranquilizar um pouco.

– É natural que queira saber e, como lhe disse, é meu dever esclarecê-la. Na hora do parto a parturiente deve fazer uso do AZT por via endovenosa desde o início das contrações até o fim do parto. A criança, logo depois do nascimento, começa a tomar a medicação durante um mês.

– Doutor, poderá haver alguma complicação na hora do parto?

– Solange, durante nossa permanência na Terra estamos sujeitos a fatos inesperados; muitos nos causam alegria e outros tantos podem trazer aflições, faz parte da vida em si, mas isso não quer dizer que precisamos pensar sempre nas aflições; ao contrário, devemos direcionar nossa vibração para os que nos proporcionam alegria. Eu não tenho como garantir cem por cento que não existe possibilidade de acontecer alguma complicação, mas posso dizer que tudo dependerá de como você estiver clinicamente. Seu exame deu um bom resultado, como já lhe disse, sua defesa está ótima; você será acompanhada por mim e por um médico clínico, além de Márcia, que vai ajudá-la emocionalmente. Isso me faz crer que o prognóstico é que tudo aconteça dentro da normalidade e do esperado. Fique tranquila.

— Meu bebê será filho de pais *aidéticos*; isso é muito triste, dr. Jerônimo.

— Não fale assim, *aidéticos*, essa palavra não é usada no meio médico.

— Mas, então, o que somos?

— Pacientes que necessitam de cuidados como muitos outros que se acham enfermos.

— Escutando-o falar assim, renasce em mim a esperança da vida.

— É assim que deve ser, não permita que essa esperança vá embora do seu coração, Solange. Pense sempre na vida e encontrará força para lutar.

— Obrigada, doutor. Vou me encontrar com Márcia.

— Vá, minha filha, e não se esqueça do que conversamos.

Márcia, vendo-a entrar, foi logo dizendo:

— Que bom vê-la, ia mesmo lhe telefonar.

— Algum problema?

— Problema nenhum. Queria apenas lembrá-la da palestra que Raul vai realizar amanhã. Gostaria muito que viesse.

– Virei, com certeza.
– Ótimo, traga seus pais com você.
– Eles virão.

Calou-se por uns instantes e, como uma criança amedrontada, disse:

– Às vezes sinto muito medo. Se eu morrer na hora do parto o que será do meu filho?

– Não pense assim. Cultive em seu coração o amor à vida e a fé em Jesus.

– Márcia, estou pensando muito sobre o que está me acontecendo e me pergunto: por que Deus permite o sofrimento? Gostaria que me falasse a esse respeito.

– Solange, Deus não dá nem quer o sofrimento de suas criaturas, mas respeita nossa vontade. Os sofrimentos pelos quais passamos são consequências dos nossos próprios erros, desta ou de outra encarnação.

– Mas o que fiz para merecer esse castigo? Sim, porque essa doença não passa de um terrível castigo.

– Vamos então analisar algumas de suas atitudes, quem sabe encontramos a resposta. Vejamos... será que não foi a sua imprudência quando acreditava que a aparência de Murilo era garantia de saúde perfeita? Quando colocou as sensações de seu corpo físico acima de seus sentimentos, descuidando-se da proteção ou mesmo quando desprezou o próximo atraindo para si a vibração ruim da incompreensão e da intolerância?

– É, pode ser. Quantas vezes minha mãe tentou me alertar e eu não quis escutá-la. Mas fico pensando, Márcia, e as pessoas que se contaminam sem terem praticado nenhum ato de risco, como por exemplo, uma transfusão de sangue?

– Não tenho todas as respostas, Solange, mas elas existem, senão nesta vida, em vidas passadas.

– Você tocou em um ponto que me interessa, mas que não consigo entender.
– Do que você está falando? – perguntou Márcia.
– Da reencarnação; você acredita em reencarnação?
– Claro, sou espírita.
– Mas em que se baseia essa tese?
– Na justiça divina.
– Como assim, o que você quer dizer?
– Quero dizer que Deus ama a todos os seus filhos em igualdade de condições, se assim não fosse, Ele não seria justo, pois favoreceria alguns em detrimento de outros. O que nós julgamos injustiça, nada mais é que consequência de erros pretéritos.
– Desta vida?
– Desta ou de outra, mas com certeza erros que nós mesmos cometemos. Quando nosso pensamento se volta única e exclusivamente para a matéria, induzindo-nos a práticas meramente levianas e fúteis, ou seja, satisfazendo apenas os desejos do corpo, sem dar atenção ao nosso espírito, que é a verdadeira essência do ser, é certo cairmos nos enganos, imprudências e ilusões sem conteúdo. E isso, Solange, proporciona a queda do corpo físico e retardamento do nosso progresso espiritual. Será que o Criador deixaria suas criaturas sofrerem por toda a eternidade, ou lhes daria nova oportunidade de recomeço?
Após refletir por um tempo, Solange respondeu:
– É, pode ser, tem alguma lógica.
– Sim, amiga, tem muita lógica. Analise, por exemplo, as diferenças sociais, as enfermidades, desequilíbrios, taras, deformações e sofrimentos menores ou gigantescos. Deus não poderia permitir tanta dor para alguns filhos seus e para outros não, porque se assim o fizesse se tornaria injusto, parcial; enfim,

bom para alguns e cruel para outros. Sabemos da bondade e do amor infinito do nosso Criador, da sua extrema justiça e sabedoria; portanto, isso não faz sentido. Somos todos iguais perante Deus, mas agimos de forma diferente em relação às suas leis, é aí que nasce a dor.

— Márcia, eu nunca havia pensado dessa maneira, sempre achei que tudo fazia parte do destino de cada um.

— Solange, o destino segue a rota traçada pelo indivíduo. Nós não somos tão inocentes como pensamos; tudo é resultado de erros que cometemos ao agirmos em acordo com nosso egoísmo, vaidade e orgulho. Somente a reencarnação pode explicar a desigualdade entre os homens.

Solange divagou por breves instantes e voltou a dizer:

— Mas as outras religiões não acreditam em reencarnação.

— Mas acreditam no pecado original como o pecado cometido por Adão e Eva. Se isso fosse verdade, volto a dizer, não existiria justiça divina, porque estaríamos pagando por um erro cometido por outras pessoas e não por nós. Isso seria justo?

— Acredito que não — concordou Solange. — Seria a mesma coisa se alguém cometesse um crime e toda a sua família fosse punida por ele, mesmo os inocentes.

— Exatamente, Solange, percebo que você está entendendo bem o que estou dizendo.

— E o que é na verdade o pecado original?

— O que alguns chamam de pecado original nada mais é que os nossos erros cometidos em vidas passadas que trazemos para a nossa existência atual com a finalidade de resgatar o engano cometido e promover nossa evolução. Aí sim, a justiça de Deus se faz presente. Nossos erros nos acompanham até que possamos saldá-los, um a um, eliminando, pouco a pouco, nossas imperfeições. Na reencarnação temos a chance de reescrever nova história, uma história mais alicerçada nas Leis Divinas e, consequentemente, evoluirmos.

— Estou impressionada com tudo isso que está me dizendo, Márcia. Realmente muito interessante. Gostaria de aprender mais.

— Conversaremos sobre esse assunto sempre que quiser.

— Antes de terminarmos, Márcia, explique-me mais uma questão.

— Pergunte, Solange.

— Por que não trazemos lembranças desses erros nem imaginamos o que fizemos? Não seria melhor se recordássemos? Assim poderíamos trabalhar melhor nossas atitudes pouco louváveis.

— Aí é que está o engano, Solange. Deus em Sua sabedoria e bondade nos dá a bênção do esquecimento para que possamos ter equilíbrio para completar o que deixamos inacabado, acertar o que erramos, amar aqueles que desprezamos; enfim, exercitar o amor em todas as situações, para que possa aflorar em nós o impulso de generosidade. Esquecendo o que fomos, ficamos livres de remorso ou culpa, e assim permitimos que os bons sentimentos entrem em nós, fortalecendo-nos no bem e no amor fraternal. Se fosse permitida a lembrança, quantas famílias se destruiriam, quantas mães desprezariam seus filhos se encontrassem nele um desafeto do passado? Deus é sábio, Solange, e não comete enganos.

— E as doenças?

— As doenças são lesões, agressões que praticamos contra nosso corpo físico, nesta ou em outra vida, que atingem nosso corpo espiritual. Muitas vezes, curamo-nos por meio da dor.

— Como assim, Márcia? Explique-me melhor.

— Solange, somos seres circulares, vamos e voltamos e, a cada volta, trazemos no nosso corpo as marcas do passado, das agressões que cometemos contra nós mesmos. Aí está presente a Lei de Ação e Reação.

Satisfeita, Solange agradeceu.

— Obrigada, amiga, posso chamá-la assim... Amiga?

— Com certeza, Solange, fico feliz por me considerar sua amiga.

Solange levantou-se, abraçou a amiga e disse:

— Bem, vou indo, obrigada mais uma vez, Márcia.

— Não me agradeça, Solange, é uma alegria poder ajudá-la de uma forma ou de outra. Amanhã nos veremos. Não se esqueça da palestra.

— Não me esquecerei, Márcia.

A palestra de Raul

Raul teve uma surpresa agradável ao ver o auditório do pequeno hospital totalmente lotado. Percorreu com os olhos as fileiras, buscando os rostos de seus pacientes, sentindo imensa satisfação ao vê-los com a esperança iluminando o coração deles.

Solange, sentada junto a seus pais, esperava com ansiedade e expectativa a palestra do médico amigo. Todos que ali estavam aguardavam com grande emoção, pois sabiam que seriam tocados no mais íntimo do ser. Ouviriam, com certeza, palavras de conforto, esclarecimentos necessários para aqueles que passavam por situações de conflito interno.

Raul era respeitado e admirado por todos, devido à sua dedicação e postura em relação ao sofrimento alheio.

Silenciosamente, evocou a proteção do querido irmão Luiz. Sentindo-se amparado pelo espírito protetor, iniciou sem demora uma singela prece ao Pai, pedindo-lhe amparo para que o encontro trouxesse benefício para todos que se achavam presentes.

" – Senhor,
Vinde em nosso auxílio.
Que os mensageiros enviados para nos assistir neste encontro
    de amor
Possam nos envolver com a Vossa paz,
E com a Vossa luz resplandecente de amor.
Queremos nos aproximar de Vós, Senhor,
Mas, muitas vezes, nossa imperfeição nos impede.
Ajude-nos na luta em favor do bem e da verdade.
Ajudai-nos a vencer a batalha em favor do bem maior.
Que nosso coração se abra, agora e sempre,
Para abrigar junto de nós
Os conhecimentos que nos enviastes,
Por meio dos ensinamentos contidos no Evangelho.
Assim seja."

Calmamente, iniciou a palestra.
— Meus irmãos e amigos, percebendo no coração de todos os pacientes que estão sob meus cuidados, a incerteza do amanhã e o medo do desconhecido, resolvi conversar com vocês na esperança de levar um pouco mais de alegria e fé ao seu coração. Todas as nossas aflições tomam suas devidas proporções quando as entregamos ao amigo maior, Jesus, e a partir daí o sofrimento que experimentamos passa a ser equilibrado por estar sustentado pelo amor mais generoso que se tem notícia. Percebo nos olhos de cada um de vocês a dúvida. Essa é a razão pela qual Márcia incentivou-me a realizar este encontro, o que o faço com alegria por poder contribuir um pouco que seja para que a paz, por meio da confiança, possa reinar no coração sofrido de vocês. Vou começar citando um pensamento de Victor Hugo:

"A morte não é o fim de tudo, ela não é senão o fim de uma coisa e o começo de outra. Na morte o homem acaba e a alma começa".

"O que nos espera quando a doença consome nosso corpo, enfraquecendo-o e levando à falência nossos órgãos vitais? O nada ou a Vida? Será que a doença que o agride, que o machuca, que fere nosso corpo até sangrar é o princípio ou o fim? No livro *Francisco de Assis*, psicografado por João Nunes Maia, o espírito Miramez nos conta que falando sobre esse assunto Francisco de Assis afirma: "A enfermidade é a fermentação de muitas existências vividas desregradamente. É a resposta, a consequência. Por isso a dor, em certas circunstâncias é a própria cura". E completa dizendo: "...os duros padecimentos são indícios de elevação da alma, porque ela já começou a pagar os débitos passados pelas dores da enfermidade". Se compreendermos bem as palavras de São Francisco, veremos que se trata do princípio e do fim.

"Por quê? Fim... Porque se passarmos por essa estrada espinhosa com humildade, aceitando sem revolta a decisão divina, lutando para conquistar a saúde espiritual e compreendendo que não somos vítimas, muito menos inocentes, mas realmente responsáveis por nossos atos, com certeza chegaremos ao fim dos nossos débitos, quitando-os com coragem e dignidade cristã; e o fim dos nossos débitos equivale ao princípio da nossa elevação espiritual. Percebem como o fim e o princípio se misturam, dando-nos oportunidade de entrar na Grande Morada de Deus pela porta da frente onde encontraremos sonhos... esperança... felicidade... conhecimento... amor e trabalho que nos propiciarão retornar à vida que pensamos e, às vezes, lamentamos ter deixado aqui na Terra?

"O desconhecido que tanto tememos é o lugar de onde viemos, nossa morada real; o lugar onde a vida se inicia sem terminar. A incerteza se transforma na certeza de que a vida continua pela eternidade, quando entregamos nossa consciência ao Ser Divino, permitindo que o conhecimento espiritual faça parte da nossa vida atual. Por tudo isso, meus amigos, podemos ter o corpo doente, mas devemos nos esforçar para ter a alma sã, limpa das mazelas e do ranço que a corrói. Não tenham pena de si mesmos; vocês se dizem *'aidéticos'*, e eu os chamo de *'convalescentes'*, porque estão na convalescência espiritual. O nada não existe; onde julgamos ser nada, existe vida microscópica. Lutem pela vida física sem perder a coragem e a fé no Criador, mas, quando ela se for, e isso acontecerá um dia com todos os habitantes deste planeta, porque estamos aqui de passagem com a única finalidade de promovermos o nosso progresso espiritual, entreguem-se à vida espiritual; mergulhem no amor de Jesus com real vontade de elevação, pois dessa forma as respostas virão, a consciência dos nossos atos também, e, a partir daí, a vontade de nos aperfeiçoarmos, de nos melhorarmos como criaturas de Deus surgirá em nós e, com alegria, perceberemos então que nova oportunidade de recomeço vai aparecer diante de nós por meio do benefício da reencarnação."

Solange permanecia atenta, sorvendo cada palavra de Raul. Este, deixando-se envolver pela energia salutar do irmão Luiz, sentia que as palavras saíam de seus lábios com a doçura que só as grandes almas possuem.

– A família – continuou Raul – deve procurar entender que todos nós erramos, algumas vezes consciente, outras inconscientemente, mas ninguém está livre de se enganar e cair nos erros que trazem esse tipo de doença, que afasta familiares e amigos por receio da contaminação. A vergonha e o preconceito agem como um câncer, corroendo a alma e, no entanto, estes convalescentes necessitam do conforto, carinho e atenção, tanto quanto dos medicamentos. Aids não se pega no toque, entretanto, um simples toque pode dizer àqueles que o recebem que o amamos sem julgamento e sem preconceito, porque ele é importante para nós.

Raul calou-se por alguns instantes. Ele mesmo se sentia emocionado por conhecer tão bem aqueles irmãos que sofriam não só pela doença, mas também pelo arrependimento das atitudes desastrosas que os lançaram no lamaçal da dor. Observava, em alguns, lágrimas que caíam silenciosas pelo rosto já machucado pela doença avançada.

Conhecia-os muito bem. Vivenciava cada minuto da vida de cada um, e sabia o que cada um necessitava ouvir para acalmar seu coração e sua angústia.

Do fundo do auditório ecoou a voz de Lucas, um rapaz de trinta e dois anos, cuja doença encontrava-se em estado avançado.

– Por favor... por favor, doutor, deixe-me fazer uma pergunta.

Raul incentivou-o a perguntar o que desejava.

– Pergunte, Lucas, terei prazer em esclarecê-lo, não quero que ninguém saia daqui com dúvidas no coração, estou aqui para saná-las, na medida do meu conhecimento.

– Doutor, quando tomei conhecimento que era portador do vírus HIV, há alguns anos, fiquei tão revoltado com minha situação que sai me relacionando com muitas pessoas, com o único intuito de contaminá-las para que sentissem a mesma dor que eu sentia. Agora, arrependido, sofro com o que fiz, amargo o remorso da minha leviandade e pergunto ao senhor o que posso fazer para reparar o mal que causei.

Por um instante, Raul silenciou, pedindo ao irmão Luiz que o auxiliasse na resposta. Ao sentir-se seguro da proximidade do querido amigo, continuou:

— Lucas, tudo o que fazemos de bom ou de ruim, não se perde no tempo, um dia ficaremos frente a frente com nossos atos e iremos prestar contas de cada um deles. O mal que você fez já está feito e não se pode mudar. Se essas pessoas contraíram o vírus pela sua imprudência, você não poderá fazer mais nada para livrá-las dele. Mas, se o seu arrependimento for real, sincero, poderá auxiliá-las orando por elas; pedindo perdão, senão pessoalmente, em pensamento e em sentimento. A sua revolta fez com que agisse de maneira errada, maldosa, atingindo pessoas que nada tinham a ver com seu estado; essa é a razão pela qual não devemos abrigar em nosso coração sentimentos menores que nos tiram a razão.

Um pouco agitado, Lucas voltou a dizer:

— Doutor, eu estou realmente arrependido, acredite em mim.

— Acredito, Lucas, na sua sinceridade, por essa razão, volto a lhe dizer: ore por eles e por você. Traga a paz para o seu coração e para as pessoas que prejudicou com a prece sincera.

Logo em seguida, ouviu-se a voz de José.

— Doutor Raul, será que quando eu me for, alguém lá em cima, ou melhor, esse Deus de que o senhor fala, terá compaixão de mim, mesmo sabendo de todas as besteiras que fiz?

Com seu sorriso amigo, Raul respondeu:

— José, Deus é bondade suprema e, com certeza, terá misericórdia de todos os seus filhos, porque sabe o quanto somos imperfeitos. Mas Ele nos dá a liberdade de querer ou não essa misericórdia. Quando clamamos por Ele com sinceridade absoluta, com forte arrependimento, o auxílio vem imediatamente. Nenhuma criatura será abandonada à própria sorte, mas seremos sim respeitados no nosso desejo, mesmo que o que queremos seja contra nós mesmos.

> *"Nas nossas aflições e angústias, nos momentos de dor e sofrimento, é justo que busquemos o auxílio e o amparo do Pai. Podemos pedir misericórdia, mas não se pode esquecer de que tudo segue o curso natural da evolução e o alívio virá se Deus julgar justo o nosso pedido[8]."*

Solange absorvia os ensinamentos de Raul com atenção e interesse. Criando coragem e vencendo seu orgulho, que até então a impedia de admitir perante as pessoas que era soropositiva, levantou timidamente a mão e perguntou a Raul:

– O que mais me preocupa é a saúde do meu filho e também o medo de contaminar os familiares que convivem comigo diariamente. Poderia me esclarecer sobre as maneiras de transmissão do vírus da aids?

– Tinha mesmo a intenção de fazê-lo, Solange. Quanto ao seu filho, segundo informação do dr. Jerônimo as chances são boas, você está muito bem clinicamente, mas só saberemos com certeza após o parto. O que importa para você, assim como para todas as gestantes que estão na mesma situação, é ser bem assistida por um obstetra, um clínico e uma psicóloga, e aderir ao tratamento com responsabilidade, atendendo à solicitação do

---

8. Irmão Ivo. *A essência da alma.* São Paulo: Lúmen Editorial, 2006.

médico e as suas orientações. Vamos falar das maneiras pelas quais podemos contrair o vírus HIV e os comportamentos de risco. A transmissão se faz pelo contato com sangue contaminado; por meio da secreção vaginal e do esperma do homem; pelo uso de drogas injetáveis, quando se compartilha agulhas e seringas. A chance de a gestante passar o vírus para o feto é grande e vai depender da carga viral da mãe.

— Doutor, e o beijo?

— O beijo não é considerado de maior risco, porque a quantidade de vírus na saliva é mínima; só é perigoso se a pessoa tiver algum ferimento na boca.

— Mas — interveio João lá do fundo do auditório — quando teve início essa doença terrível? É possível também contaminar os animais?

— Não, o vírus da aids se desenvolve somente no ser humano. Esse vírus começou a aparecer em 1970 nos EUA e veio para o Brasil nos anos de 1980 a 1983. Todos nós temos células de defesa no organismo; o vírus HIV ataca o nosso organismo, infecta essas células e enfraquece as defesas do organismo, atingindo o sistema imune, de modo que a pessoa não consegue se defender das infecções. O soropositivo, portador do vírus da aids, deve se prevenir para evitar a recontaminação, que pode agravar seu estado de saúde. Uma pessoa portadora do vírus pode se sentir bem e ter uma aparência saudável por alguns anos, antes que ocorra o aparecimento da aids. E, como em qualquer tipo de doença transmissível, é preciso romper o preconceito que escondemos em nós mesmos, falar em casa com o marido ou com a esposa e procurar ajuda médica. Sobre isso não podemos fechar os olhos, precisamos ser esclarecidos e esclarecer nossos filhos.

"Hoje em dia, adolescentes de treze, quatorze anos já estão mantendo relação sexual; é importante orientá-los sobre os perigos das doenças sexualmente transmissíveis. A infecção pelo HIV, quando descoberta a tempo, pode ser controlada, evitando que evolua para a aids. O HIV pode ficar incubado em nosso organismo de 2 a 5 anos, até 10 anos, sem produzir sintomas. A futura mamãe deve fazer o teste anti-HIV durante a gestação. Agindo assim, se for portadora do vírus, ela e seu parceiro poderão iniciar imediatamente o tratamento, garantindo sua saúde e evitando a contaminação do bebê. Somente um profissional da saúde tem condições de analisar o resultado do teste e dizer se você está contaminado ou não.

"Ao iniciarmos nossa vida sexual, devemos fazê-lo com responsabilidade, sem transformar nosso corpo na única fonte de prazer, mas sim no instrumento de completa integração física e espiritual com o ser que amamos. Devemos dar ao amor sua real dimensão; ao agirmos assim, cuidamos da saúde e preservamos a integridade moral nossa e de quem está conosco nesse sentimento. Agir com equilíbrio e sensatez é trazer felicidade para nossa vida; permitir o abuso, o desregramento e o vício é abrir espaço para as doenças, a infelicidade e o sofrimento.

"Por tudo isso, meus irmãos, mais uma vez repito: não devemos atribuir a ninguém nossa desdita, porque nós mesmos a geramos com a imprudência com que normalmente o ser humano costuma agir. Na ânsia de conquistar o mundo, no desejo sem limite de satisfazer nossos objetivos, não raro, agimos levianamente sem perceber que, antes de ferir o próximo, estamos ferindo a nós mesmos, levando-nos a um futuro em que teremos de suportar noites e noites de solidão e angústia. É preciso pensar e analisar nossos procedimentos, sejam eles quais forem;

é preciso amar sem ter medo de sofrer; e sofrer sem nunca deixar de amar; essa é a verdadeira mágica para construir a própria evolução."

No auditório, o silêncio reinava absoluto. Todos os presentes se emocionavam com as palavras de Raul, tocados no coração pela emoção, arrependimento e, ao mesmo tempo, pela esperança de vivenciar dias melhores como criaturas de Deus; sofrendo, sim, mas unidos a Jesus pela fé.

– Quero deixar claro para todos que estarei aqui, sempre por perto para auxiliá-los, esclarecendo na medida do possível suas incertezas e mostrando-lhes que nenhum ser humano caminha sozinho neste Universo de Deus, e é nesse Criador que devemos depositar todas as nossas esperanças. Finalizando o nosso encontro, vamos elevar o pensamento até o Divino Amigo e clamar bênçãos e paz para suportarmos com valentia nossos dias futuros.

Emocionado, e sentindo cada vez mais forte a presença do espírito amigo, ele iniciou sentida prece, que foi acompanhada, em silêncio, pelos presentes.

" – Senhor de todos os mundos e de todos os seres, enfraquecidos estamos na esperança e na fé porque nos perdemos nesse sofrimento que julgamos não suportar. Vinde, Senhor, em nosso auxílio; ajudai-nos a limpar da nossa alma os sentimentos menores do desespero, da revolta e da indignação. Clamamos Vossa piedade. Socorrei-nos! Dai-nos a força de curar nossa alma enferma, para que ela possa no momento exato alçar voo e encontrar no Vosso reino a compreensão que hoje nos falta. Confiando em Vós, mergulhamos na certeza do amparo que virá. Fechamos nossos olhos à dor e

abrimos nosso coração para aquecê-lo no sopro doce do Vosso amor!"

Raul, completamente envolvido por uma luz azulada e entregue à energia do querido irmão Luiz, não podia perceber a emoção que reinava entre os presentes. Em muitos deles as lágrimas desciam pelo rosto, suavizando-lhes o coração. Márcia, sem conseguir esconder nem controlar o grande amor que sentia por ele, aproximou-se e apenas disse:
— Que Jesus o abençoe!
Os presentes, respeitando o momento de entrega do médico amigo, por quem sentiam uma profunda admiração, levantaram-se e, em silêncio, deixaram o recinto, levando no coração a certeza de que a partir daquele instante conseguiriam enfrentar seus problemas com mais coragem e dignidade.
Solange, enxugando as lágrimas que escorriam copiosas pelo seu rosto, sentindo no peito a dor do arrependimento, disse à sua mãe:
— Mãe... Que tola eu fui.
O pequeno auditório se esvaziou; as luzes se apagaram, mas o que parecia estar vazio para os encarnados, na realidade, abrigava centenas e centenas de espíritos levados para o aprendizado. Raul não imaginava quantos irmãozinhos desencarnados foram beneficiados com suas palavras.
O bem que se faz por meio da oratória dignificante vai ao encontro de corações sofredores, que anseiam pelo bálsamo do esclarecimento. A palavra possui força, tanto aqui como no plano espiritual, e tanto pode levar encorajamento e paz, como destruir mais rapidamente os corações entregues ao desespero.

Sônia Tozzi ❦ Irmão Ivo

"Da mesma maneira que nos julgamos merecedores da atenção e do respeito alheio, nosso semelhante possui igualmente esse direito. Amar ao próximo é amar a Deus. Socorrê-lo na dificuldade é, na verdade, socorrer o nosso coração, porque estaremos impedindo o egoísmo de entrar em nossa alma[9]."

---

9. Irmão Ivo. A essência da alma. São Paulo: Lúmen Editorial, 2006.

A revolta de Neusa

Sete meses se passaram desde a palestra de Raul. Os dias no pequeno hospital seguiam a rotina costumeira. Alguns pacientes mais graves já haviam encontrado a liberdade, voltando à pátria espiritual; outros, mais fortalecidos, voltaram a casa prosseguindo o tratamento ao lado da família. Novos casos haviam dado entrada no hospital, como o de Neusa; uma dona de casa que havia contraído o vírus por meio de seu marido.

Internara-se por causa de uma pneumonia, e seu estado, tanto físico quanto emocional, era deplorável. A revolta consumia sua alma e impedia-a de ouvir ou compreender qualquer palavra que fosse dita com o intuito de amenizar a culpa de João.

— Eu o odeio – dizia sem parar – ele há de pagar em dobro por tudo o que fez comigo.

Por mais que Raul ou Márcia tentassem aliviar seu coração com doces palavras de compreensão, nada a fazia aceitar, e o único sentimento que agasalhava era o de vingança.

— Eu me vingarei dele, doutor, pode acreditar. Senão aqui, devido à minha doença e consequente fraqueza, por meio do meu retorno, quando meu espírito estiver livre! Eu vou destruí-lo.

— Mas por que tanto ódio, minha irmã? – perguntou Raul.

— Isso só vai lhe trazer mais sofrimento e dor; o perdão é o sentimento que nos traz a paz e tem o poder de transformar a enfermidade na cura da nossa alma.

— Mas o que eu quero, agora, é a cura do meu corpo, dr. Raul; tenho quatro filhos ainda menores. Quando eu morrer quem vai cuidar deles, acabar de criá-los... o João? – perguntou irônica. – Se foi ele quem me jogou na dor por meio da traição, infidelidade; não pensou na mãe de seus filhos nem neles próprios; acha mesmo que devo perdoá-lo?

Raul sentiu necessidade de se dedicar mais àquela mulher de apenas trinta e cinco anos, que passava por uma prova tão penosa. Com paciência, e já acostumado a essa situação, disse:

— Neusa — todos nós um dia magoamos ou enganamos alguém e podemos nos tornar o agente propulsor dos seus enganos. Sei o quanto deve estar sofrendo, mas alimentar sentimento de vingança só vai trazer-lhe mais dor; em nada aliviará seu coração. Essa história de dizer que vai prejudicá-lo, mesmo desencarnada, só aumentará seu sofrimento, aqui e na espiritualidade. Por que tanta revolta, tanto rancor? Aquele que nos prejudica, tenha certeza, Neusa, sofre mais, pois se torna o ofensor, abriga em seu coração a intolerância, o desrespeito com seu semelhante; comete desatinos envolvendo o próximo e isso não fica impune nas leis de Deus.

— E quem foi ofendido, doutor?

— O ofendido terá o auxílio divino por meio de bons espíritos se estiver com Jesus no coração; se não alimentar o sentimento da revolta, da vingança; enfim, se entender que cada um vai ter de prestar contas do que fez nesta vida ou em outra encarnação.

– Mas eu sou inocente, dr. Raul, não mereço passar por tudo isso! – exclamou Neusa.

Raul refletiu por alguns instantes.

– Neusa, até que ponto somos inocentes perante as agressões da vida?

– Mas eu não fiz nada!

– Quando não encontramos razão nesta vida que justifique nossas aflições, com certeza a causa está em algum momento do passado; ou você questiona a justiça de Deus?

Neusa silenciou.

– O senhor não vai me entender nunca, aliás, é muito fácil justificar quando estamos fora do problema – disse quase agressiva.

Raul sentiu que era hora de parar e disse gentilmente:

– É melhor pararmos por enquanto; você deve estar cansada, precisa repousar; continuaremos outra hora se você desejar; está bem?

– Está bem, estou mesmo muito cansada.

Raul saiu do quarto, deixando Neusa entregue aos seus pensamentos. Uma frase dita pelo médico ficara na sua cabeça incomodando-a.

"Por que ele disse que todos nós um dia magoamos ou enganamos as pessoas, parece até que leu a minha alma", pensou.

Na tentativa de adormecer, entregou-se às recordações.

Voltou no tempo.

Jovem, impetuosa, detentora de um brilho farto no que se referia aos atrativos físicos, divertia-se em provocar os olhares masculinos atraindo para si a cobiça dos homens. Nunca havia chegado às vias de fato, até o dia em que conheceu Jair. Jovem, bonito e sedutor, logo se aproximou de Neusa, que se deixou levar pelas suas palavras doces e vazias.

Por três ou quatro meses ela seguiu com essa situação divertindo-se com o que considerava uma simples brincadeira, até que em uma tarde, no ápice do seu desvario, levou Jair para sua casa enquanto os filhos permaneciam na creche e seu marido no trabalho. Vítima de uma dor de cabeça, João, naquele dia, voltou mais cedo para sua casa e, surpreso, encontrou-a nos braços do amante.

Depois de muito choro, gritos e ameaças, João reconsiderou o que ameaçara fazer e permaneceu em sua casa com a finalidade única de amparar os filhos ainda pequenos, deixando claro que nada mais queria com ela como esposa.

— Cada um vai levar a vida que quiser daqui para a frente — dissera João — moramos na mesma casa, mas estamos separados. Que isso fique bem claro.

Neusa aceitara, certa de que com o passar do tempo tudo voltaria ao normal, o que de fato aconteceu um ano depois. João, durante o período de afastamento da esposa, se relacionara com outras mulheres, sem se preocupar com nada que não fosse seu prazer. Nunca deixara de amá-la e via-a em cada parceira com quem se relacionava.

Certa noite de verão, não suportando o calor, Neusa levantara-se e fora à cozinha refrescar-se com um copo com água gelada. Surpreendera-se com a chegada de João que, ávido de desejo, apertara-a em seus braços e, ali mesmo, os dois rolando pelo chão satisfizeram os apelos do corpo. Fora o início da retomada conjugal.

Após poucos meses, Neusa, ao fazer os exames solicitados por seu médico, foi surpreendida com a notícia de que era soropositiva. De nada adiantaram seus impropérios ditos ao marido; suas acusações e sua indignação; a verdade estava ali, contraíra o vírus HIV. Em pouco mais de três anos a doença se manifestara e, agora, ela jazia em um hospital sofrendo as consequências do erro do marido.

Percebera por que as palavras de Raul a incomodaram tanto. Tomara consciência de que indiretamente induzira o marido a tomar atitudes levianas; errara ao desrespeitar o compromisso do casamento, lançando no coração de João a desilusão. Fora volúvel, brincara com o coração dos outros e ainda participara indiretamente de toda essa história.

– Será que tenho o direito de acusar João dessa maneira ou o doutor está com razão quando diz que é preciso perdoá-lo?

Amanhã vou pedir que me explique direito essa questão.

Cansada, Neusa fechou os olhos e, em pouco tempo, adormeceu.

"Jesus, o justo por excelência, respondeu a Pedro: 'Perdoarás, mas sem limites; perdoarás cada ofensa, sempre que te ofendem... Farás, enfim, o que desejas que o Pai celeste faça por ti. Não te tem Ele perdoado sempre, e porventura contou o número de vezes que o Seu perdão tem vindo apagar as tuas faltas?'

...O mérito do perdão é proporcional à gravidade do delito. Pouco valeria reparar os erros dos teus irmãos, se o mal se limitasse a ferimentos leves[10]*."*

---

10. Kardec, Allan. *O Evangelho Segundo o Espiritismo.* Cap. X. Item 14. São Paulo: Opus. p. 581.

Passados dois dias, Neusa solicitou a presença de Raul, que, atendendo ao seu pedido, foi ao seu quarto. Encontrou-a um pouco mais calma, mas, mesmo assim, ainda culpando radicalmente o marido.

— Doutor! — exclamou assim que Raul entrou. — Não permita a entrada de João, não quero vê-lo nunca mais.

Pacientemente, Raul respondeu:

— E como vai fazer isso, Neusa?

— Isso o quê?

— Não vê-lo nunca mais. Não é o pai dos seus filhos? Não está como você, contaminado?

— Está, mas isso é um problema dele, não meu. Foi ele quem correu atrás dessa situação, agora, ele que resolva.

— Neusa, isso é um problema dele que afeta a você e seus filhos, não foi você mesma quem disse estar preocupada com eles, que ainda são menores de idade? Percebo que ele tem mais condições de cuidar das crianças do que você, ao contrário do que você disse.

— Por que o senhor o defende tanto, se ele é o único culpado?

— Neusa, não o estou defendendo; estou tentando protegê-la de você mesma, fazê-la entender a inutilidade de permanecer nessa posição de rancor e ódio. O que aconteceu não tem mais volta, isso é um fato. Permanecer nessa revolta só vai trazer mais sofrimento. Como já lhe disse, não somos tão vítimas assim das coisas desagradáveis que nos acontecem. Temos de entender que da mesma maneira que, muitas vezes, pedimos perdão ao nosso Pai, é necessário também perdoar aos outros; ou você nunca cometeu erros na sua vida?

Neusa, lembrando-se novamente do seu passado, respondeu:

— Claro que cometi erros, doutor, sou um ser humano.
— Muito bem, Neusa, você já disse tudo. Seu marido também é um ser humano e, assim como você, também comete erros, enganos e leviandades.
— Mas ele me prejudicou muito!
Raul, inspirado por irmão Luiz, disse:
— Neusa, ele a prejudicou no corpo físico, trouxe-lhe a enfermidade; foi irresponsável e fraco; agiu sem prudência e a consequência está aí; mas, será que, durante os anos que viveram juntos, você nunca machucou a alma dele? Nunca o feriu no coração a ponto de levá-lo a cometer leviandades?
Neusa levou um choque.
— O que o senhor quer dizer?
— Nada de mais, Neusa, apenas quero lembrá-la que erros e enganos todos nós cometemos; por esse motivo, Jesus nos ensinou o perdão; por meio dele podemos retomar o caminho da paz, mesmo com a enfermidade do corpo. Se você e seu marido se unirem neste momento, seus filhos terão a oportunidade de ser felizes ao lado dos pais por um tempo que só nosso Criador pode determinar; caso contrário, vocês estão tirando-lhes esta chance.
Neusa, mais calma, perguntou:
— Diga-me, doutor, por que João não desenvolveu ainda a doença, enquanto eu, em pouco tempo, desenvolvi?
— Neusa, isso depende de cada um; de como está a defesa do organismo; enfim, cada ser é um. Esse vírus pode ficar incubado por alguns anos sem a pessoa desenvolver a doença. Você desenvolveu, ele ainda não.
— Então, doutor, isso quer dizer que enquanto eu sofro João vive tranquilo?

— Neusa, você acredita que aquele que traz a culpa em seu coração consegue viver tranquilo?

Neusa silenciou-se. Após alguns instantes, voltou a dizer:

— Começo a entender que o senhor tem razão no que está dizendo. Preciso pensar.

— Pense em primeiro lugar em seus filhos; pode ser que a tarefa de educá-los seja do seu marido. Nós não sabemos quanto tempo ficaremos na Terra; portanto, Neusa, viva cada minuto como se fosse o último. Não traga para seu coração os erros do passado, viva os dias futuros ao lado do seu marido e de seus filhos, não desperdice a bênção divina que lhe dá a oportunidade de se reconciliar com seu companheiro, perdoe-o e perdoe a si mesma, juntos poderão reconstruir uma relação de afeto verdadeiro.

— Com o comportamento mais humilde, Neusa disse a Raul:

— Obrigada, doutor, sinto-me mais aliviada, vou pensar em tudo o que conversamos; peço a Deus que me mostre o caminho.

— Ele vai mostrar-lhe, Neusa; mas não se esqueça de que para ouvir a voz de Deus é necessário calar a nossa. Ele não invade a nossa alma, somos nós que devemos acolhê-Lo com a nossa fé e humildade.

Raul retirou-se do quarto, deixando Neusa entregue aos próprios pensamentos.

Ao passar em frente à sala de Márcia, sentiu desejo de vê-la. Entrou.

Assim que o viu, Márcia levantou-se e, abraçando-o, disse:

— Raul, que bom vê-lo; estava mesmo precisando que alguma coisa boa acontecesse.

— O que houve, meu bem? Por que esse ar de tristeza nesse rosto tão lindo?

— Raul, às vezes me sinto impotente diante de situações de difícil resolução. Isso me deixa triste; sem perceber, acabo me envolvendo com a dor dos pacientes. Sei que isso não é correto, mas não posso evitar.

— Está com problemas com algum paciente?

— Estou.

— Diga-me o que é, talvez possa ajudá-la.

— É a paciente do quarto 302; está completamente desequilibrada, Raul, tem medo da morte.

— Sei quem é; o estado dela piorou bastante.

— Exatamente, e ela não aceita morrer; acha que vai para o "inferno".

— Quando você vai conversar com ela novamente?

— Estou fazendo um atendimento diário com ela, Raul. Causa-me pena ver o seu estado. Estive pensando se não seria bom falar-lhe sobre a vida futura e conduzir a conversa para o lado espiritual. O que você acha?

— Poderia tentar, Márcia. Acredito eu, analisando pelo lado médico, que essa paciente não terá muito tempo de vida aqui na Terra; seria muito bom se ela descobrisse que existe vida além da Terra, assim poderia retomar a esperança perdida e anular todo esse medo.

— Raul, você poderia me acompanhar? Você possui mais experiência nessas questões.

— Claro, meu bem, o dia que você achar conveniente.

— Combinado, vou prepará-la e avisá-la.

— Eu aguardo.

Aproximando-se um pouco mais de Márcia, disse:

— Poderia roubar-lhe um beijo... com todo o respeito, senhorita — disse brincando.

— Não precisa roubar, eu lhe dou com o maior prazer e amor.

* * *

Dois dias depois, Márcia e Raul entravam no quarto 302, onde Fátima jazia deitada, entregue à sua dor e desesperança.

— Bom dia, Fátima, olha quem veio conversar com você! — exclamou Márcia.

Fátima olhou na direção de Raul dizendo:

— É o senhor mesmo, dr. Raul? Aproxime-se, quase não o enxergo.

— Como está passando, Fátima? As dores e o mal-estar melhoraram?

— Não me importo mais com isso, doutor, sei que vou morrer, mesmo, nenhum remédio vai mudar esta situação.

— Por que está assim tão pessimista? É preciso alimentar a esperança, a fé.

— Não estou pessimista, dr. Raul, sou apenas realista. Já vivi o bastante para não me deixar enganar. Sei que vou morrer em breve, e não quero me iludir.

— Por que diz isso?

— Porque conheço meu corpo e sei que ele não suporta mais tanta agressão, que eu mesma atraí, sei disso.

— Você está bem consciente da situação, Fátima. Não compreendo por que alimenta tanto medo.

— Tenho medo de morrer, porque receio o que pode me acontecer depois.

— Como assim, Fátima? Você acredita que existe vida futura no reino de Deus?

— Acredito, e é por essa razão que tenho medo.

— Fátima, explique-se melhor, o dr. Raul está aqui para esclarecer muitas coisas a esse respeito — disse Márcia.

— Doutor, tenho medo porque errei muito nesta vida, pequei contra as leis de Deus e, agora, sei que vou ter de enfrentar a realidade. Fiz tudo errado: não respeitei meu corpo, entregando-me com leviandade apenas para ganhar dinheiro; agredi minha saúde consumindo drogas; enfim, cometi todas as imprudências que nos levam ao fundo do poço; e cheguei lá. Onde estou, agora, doutor, é o fundo do poço. Deitada nesta cama pude rever toda a minha vida inconsequente; agora, o que me consome é o medo da volta. Não tenho coragem para enfrentar o que está por vir.

— Fátima, não se julgue. A você cabe o arrependimento sincero; a mim e à Márcia, apenas orientá-la para amenizar seu sofrimento.

— Eu estou arrependida, doutor, e é por essa razão que sofro e tenho medo; de que adianta me arrepender? Vou ter de ir para o inferno, mesmo.

Ela parou alguns instantes e voltou a dizer:

— Tenho muito medo do inferno!

— Fátima, o inferno, inicia-se na esfera interior da nossa própria alma. Todos nós temos algo a temer, porque somos imperfeitos o suficiente para não percebermos que caímos no abismo quando nossa atenção é direcionada apenas e exclusivamente para nosso prazer. A grande maioria sofrerá punições no seu retorno; mas são punições temporárias e sempre proporcionais à gravidade da falta cometida; por meio delas burilamos nosso espírito, educamo-nos, aprendemos a respeitar nosso próximo e a nós mesmos. Os castigos não são eternos, duram enquanto durar nossa resistência em praticar o bem, em amar o próximo.

— Mas sempre me disseram que os castigos de Deus são eternos; é isso que me causa medo, sofrer por toda a eternidade.

— Fátima, em O Livro dos Espíritos, questão 1009, está escrito: *"Querê-lo eterno, por uma falta não eterna, é negar-lhe toda a razão de ser".*

Márcia interferiu:

— Aproveite o seu tempo para estar com Deus; diga a Ele todas as suas mazelas; mostre a sua vontade de se reerguer em direção à luz com pensamentos e deixe que o Senhor analise o seu arrependimento e o seu merecimento.

— Não só você, Fátima — disse Raul —, deve se preparar para o retorno, mas todos nós, encarnados, porque não sabemos quando esse dia vai chegar; portanto, devemos viver o hoje como se fosse o último dia e, se não for, ajoelhar e agradecer a Deus.

Para espanto de Raul e Márcia, Fátima chorou copiosamente.

Sensíveis à dor daquela mulher que fora escrava do seu corpo, eles uniram suas mãos e oraram por ela.

" — Senhor, Pai de misericórdia, mais uma vez abrimos nosso coração e pedimos por essa irmã marcada pelo sofrimento e pela angústia dos erros cometidos; tranquilizai seu coração, acalmai-o com Vosso amor e Vossas bênçãos.

Não a deixeis cair no desespero, nem que sua fé esmoreça, para não perder a força que a impulsionará para Vós.
Sabemos que somente Vós, Senhor, ireis fazê-la compreender e aceitar seu momento de aflição, que ela consiga enxergar e perceber Vosso amor e bondade e se entregar confiante na continuação da vida."

O parto de Solange

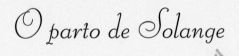

A cada dia o relacionamento de Raul e Márcia tornava-se mais sólido e forte. O sentimento de amor que os unia trazia felicidade e equilíbrio a ambos, que, apesar de viverem o sonho dourado do encontro, não se esqueciam do bem-estar dos pacientes, levando-lhes conforto, assistência médica, equilíbrio emocional; enfim, mostrando o quanto se preocupavam e lhes queriam bem. Eram estimados e respeitados por todos do hospital, pacientes e funcionários, que reconheciam o esforço deles para minimizar a dor alheia. Reconheciam e usufruíam o carinho que eles demonstravam para quantos se aproximassem deles.

Os dois namorados tomavam delicioso refresco em um dos raros momentos de folga. Cobrindo as mãos de Márcia com as suas, Raul disse com carinho à namorada:

– Querida, estamos namorando há mais de um ano, conhecemo-nos há pelo menos quatro; bem sei que o momento não é o mais apropriado nem o mais romântico, mas... tenho certeza do meu amor por você e do meu desejo de passar o resto da minha vida ao seu lado; por essa razão, gostaria de fazer-lhe uma pergunta.

– Diga, Raul, não importa o momento nem o lugar, o importante é o que lhe vai na alma.

– Olhe-me nos olhos, Márcia, e responda: você aceita se casar comigo?

O coração de Márcia bateu acelerado, suas mãos tremeram e seus lábios não conseguiram emitir qualquer som. Raul, percebendo sua reação, perguntou preocupado:

– A ideia de ser minha esposa a incomoda? Está tão pálida!

Por mais que tentasse, Márcia não conseguia responder, tal a felicidade que se apossava de sua alma. Aproximou-se de Raul e, sem se importar com os olhares dos colegas, beijou-o apaixonadamente.

– Eu o amo acima de mim mesma. Ser sua mulher, Raul, é realizar o desejo e o sonho que acalento há muito tempo. Minha resposta só pode ser uma... aceito... aceito... aceito!

Sorrindo, ela demonstrou toda a sua alegria.

Ambos se abraçaram ternamente, e só muito tempo depois se deram conta das palmas dos colegas que a tudo observavam.

– Parabéns, até que enfim resolveram juntar os trapinhos, hein? – diziam alegres os companheiros, que vibravam com a felicidade dos amigos queridos.

Em um instante, tudo virou festa. Eufóricos, começaram a fazer planos, dar palpites na data, nos convites e tinha os que pensavam na festa.

Raul e Márcia se divertiam com as brincadeiras dos colegas quando ouviram a voz da telefonista:

– Doutor Raul... Márcia... favor comparecerem ao centro obstétrico com urgência. O dr. Jerônimo os aguarda.

Olharam-se e logo compreenderam o que estava acontecendo.

— Solange! — disseram ao mesmo tempo e, apressados, seguiram ao encontro do dever.

Não se enganaram.

Encontraram Solange nervosa, pronta para o parto. Márcia aproximou-se, dizendo-lhe:

— Calma, Solange, tudo vai dar certo, vocês está nas mãos de um excelente obstetra; confie em Jesus.

Falava e passava as mãos carinhosamente em seu rosto com a finalidade de acalmá-la.

— Seu estado emocional é muito importante, fique calma; lembre-se de nossas conversas e pense no seu filhinho com muito amor, traga-o para seus braços amorosos.

— O que é isso que estou tomando? — perguntou.

Foi o dr. Jerônimo que lhe respondeu:

— Lembra-se do que conversamos? Eu a esclareci a respeito do procedimento na hora do parto. Você está fazendo uso do AZT por via endovenosa, e ficará assim até o fim do parto. Seu filhinho, logo depois do nascimento, começará a tomar essa medicação durante um mês. Seu estado imunológico está ótimo, você está muito bem clinicamente.

— Raul, onde está?

— Estou aqui, todos estamos aqui para ajudá-la.

Segurando as mãos de Márcia, ela disse com a voz trêmula:

— Márcia, Murilo morreu. Faz um mês que ele morreu e eu tenho medo de morrer também.

— Por que não me disse isso? — perguntou Márcia. — Poderíamos ter conversado a respeito. Como você recebeu a notícia?

— Eu soube ontem. Ouvi quando a mãe dele conversava com a minha mãe, chorava muito e confessou que ele contraiu o vírus usando droga.

— Você nunca desconfiou de que ele se drogava?

— Não! Nunca desconfiei de nada. Não posso aceitar como fui tola e irresponsável.

— Solange, não pense nisso agora. O que acontece com alguém que está na mesma situação que a nossa, não necessariamente vai acontecer conosco. Murilo partiu e isso não quer dizer que você ou o seu filho vão partir também. As coisas acontecem no momento previsto para cada um; era o momento certo para ele, não para você.

— Mas...

— Agora, é hora de você pensar na vida que está chegando, não na que partiu. Murilo se foi, mas uma parte dele ficou com você; e é para esse ser que está chegando que você deve abrir os braços, o coração, vibrar, pensar e desejar amor e saúde, para ele e para você.

— E se ele vier contaminado?

— Vamos aguardar, Solange.

Solange calou-se.

A lembrança das palavras terríveis que dissera a Raul tempos atrás veio à sua mente: "Você trabalha e se dedica integralmente àqueles aidéticos imundos, que não são aceitos nem pela própria família". Agora, ela fazia parte desse grupo e era aceita por sua família e, carinhosamente, amparada por essas pessoas maravilhosas.

"Meu Deus", pensava, "perdoe-me. Hoje sei como fui tola, egoísta e orgulhosa. A dor e o medo abrandaram meu coração, reconheço meus erros e não sei se mereço compaixão, mas Lhe suplico, perdoe-me. Conceda-nos, a mim e a meu filho, a chance de sobrevivermos para que possamos nos amar; dê-me a oportunidade de ensinar a esse pequeno ser, que chega cheio de esperança, o que aprendi por meio da dor, o verdadeiro sentimento de fraternidade."

As lágrimas desciam serenas sobre sua face. Raul, percebendo esse momento de encontro com Deus, segurou-lhe as mãos, transmitindo-lhe com esse gesto o calor da amizade sincera.

– Tudo vai dar certo! – exclamou com um sorriso nos lábios.

※ ※ ※

O choro estridente marcava a chegada de Vinicius no mundo físico.

Instalada em seu quarto, Solange descansava, entregue ao sono reparador. Sua mãe orava, agradecendo ao Mestre a bênção de ter a filha e o neto, que nascera forte e saudável, ao seu lado.

De repente, Isabela ouviu um grito abafado, e, olhando assustada para a filha, viu-a com os olhos bem abertos, tremendo e balbuciando palavras desconexas. Sem saber o que acontecia, acionou a campainha e logo uma enfermeira atendia ao seu chamado.

– Por favor, chame o dr. Raul.
– Pois não, senhora.

Passados alguns minutos, Raul entrou no quarto.
– O que foi, dona Isabela, o que há com Solange?
– Não sei, Raul, ela estava adormecida quando, de repente, deu um grito, sentou-se na cama e começou a falar coisas sem sentido. Não sei o que aconteceu.

Raul examinou-a e, constatando não haver nada de errado com ela, segurou suas mãos. Solange, ao sentir o contato das mãos de Raul, abraçou-o ofegante, dizendo:

— Ajude-me, Raul, por favor, ajude-me.

Raul tentou acalmá-la.

— Calma, Solange, estamos aqui; fique tranquila; sua mãe está olhando por você. Está tudo bem.

— Raul, meu filho! Como está meu filho? Não o vi mais!

— Calma, não fique agitada, não é bom para você. Seu filho está bem, felizmente não houve nenhuma complicação no parto; tudo correu muito bem.

— Mas por que não o trazem para mim?

— Ele está no berçário aos cuidados do dr. Reinaldo; ele é neonatologista e o está avaliando, mas posso antecipar-lhe que o bebê está muito bem. Você precisa descansar; deixe seu corpo recuperar as energias.

— Raul, será que conseguirei criar meu filho? Terei forças para isso?

— Solange, quantas vezes sentimos dificuldade para enfrentar os desafios, os problemas que acontecem em nossa vida? Se mantivermos a calma, a certeza de que somente nós poderemos vencê-los, trabalhando nossas emoções, sentimentos e desejos e, principalmente, tendo consciência da força e da potencialidade enorme que possuímos dentro de nós, os problemas se tornam menores, passamos a dar a eles a atenção adequada e não a desnecessária, que os tornam maiores do que realmente são.

— Mas eu sou doente!

— Não, Solange, você é portadora de um vírus que ainda não se manifestou e que poderá ficar incubado por vários anos;

já lhe expliquei isso. Reconstrua sua vida sem muita pressa, respeitando seu corpo, seu tempo, seu íntimo, mas reconstrua-a. Isso é uma tarefa sua, minha amiga.

— Mas, Raul, você não entende; estou muito insegura.

— Inseguranças todos nós temos, medo também; mas é preciso acreditar que a nossa felicidade é um trabalho nosso, e o início dela é o cultivo das virtudes da nossa alma. Não descuide do tratamento, que vai beneficiar e equilibrar seu corpo. Mas não deixe de alimentar sua alma, cultivando os valores verdadeiros. Não exija demais de você, mas também não seja passível à lentidão, encontre o equilíbrio.

— Posso contar com você e com Márcia? Vocês me ajudam?

— Claro. Márcia e eu estaremos sempre em contato com você, incentivando-a, orientando e ajudando a encontrar a paz.

— Por onde devo começar?

— Que tal começar pela natureza, percebendo que tudo o que a cerca é criação de Deus; que nada impede o dia de nascer, trazendo sempre novas esperanças, e que quando a noite chega é o momento do descanso e o prenúncio de um novo dia que trará nova oportunidade, nova chance de terminar o que não pudemos fazer ontem, ou então iniciar um trabalho edificante? Enfim, cada dia é um recomeço. Por fim, olhe-se no espelho, você também é uma criação de Deus, usufruindo a criação de Deus.

— Raul, eu não posso esquecer que tenho aids!

— Você não deve se esquecer de que é soropositiva e que deve se cuidar adequadamente. Eu a vejo como todos os pacientes deste hospital; grandes seres humanos a caminho da evolução.

Solange, bem mais calma, beijou delicadamente o rosto de Raul e disse:

— Obrigada, meu amigo, somente uma grande alma como a Márcia poderia entender a grande alma que você é.

Isabela, que a tudo assistia, quieta, sem interferir, mas absorvendo cada palavra de Raul, aproximou-se do médico:

— O que está acontecendo com ela? É alguma coisa grave?

— Nada de anormal, ela teve uma pequena crise nervosa, que vai passar. Não se preocupe, ela está bem, apenas um pouco estressada. Vou passar-lhe um medicamento que vai deixá-la mais tranquila.

Isabela o abraçou como se estivesse abraçando a um filho, e lhe disse:

— Permita-me chamá-lo de filho. Tentar expressar o que me vai na alma é inútil, não conseguiria tal a emoção, o carinho e a gratidão que sinto em meu coração. Só posso lhe dizer: obrigada!

Emocionado, Raul respondeu:

— Não precisa dizer nada, dona Isabela, nem me agradecer; eu também fico emocionado e agradecido com seu carinho.

Abraçados, ambos uniram suas emoções.

Saindo do quarto de Solange, Raul encontrou-se com Márcia.

— Não imaginei que fosse ter essa alegria... encontrar com minha amada!

— Sempre galante, hein, doutor? Não perde oportunidade de...

— De declarar o meu amor — isso a incomoda?

— Com certeza, não!

— E o que tem a me dizer? — provocou Raul.

— Que também o amo!

Retomando a seriedade do trabalho, Márcia disse:

— O que você acha do estado de Solange?

— Venho do seu quarto, dona Isabela me chamou aflita com a atitude dela.

— O que aconteceu?

— Nada de grave, teve uma crise nervosa e deixou a mãe muito assustada, mas já está bem. Conversamos bastante e creio que ela ficou bem mais calma.

— Realmente ela está muito estressada, passou por um período difícil; assim que deixar o hospital e voltar à sua vida costumeira, acredito que retomará o equilíbrio.

— Márcia, Solange vai precisar muito de nós, não sei se para você isso vai incomodá-la de alguma maneira. Quero lhe dizer que não faça nada que seu coração não queira, acho mesmo que já fez muito por ela.

— Raul, você me magoa pensando assim; pensa mesmo que eu deixaria qualquer sentimento pessoal interferir no meu posicionamento profissional? Sempre dou o melhor de mim para as pessoas que me procuram, e, se quer saber, nasceu em mim um grande sentimento de amizade por ela, quero o seu bem, e tudo farei para que ela retome sua vida com equilíbrio e paz.

Raul olhou aquela mulher na sua frente e sentiu sua admiração crescer ainda mais. Convivia com vários profissionais de todas as áreas, mas poucas vezes encontrara profissional tão digna e íntegra como a mulher que amava.

— Desculpe-me, meu bem, não quis magoá-la, mas protegê-la para que não sofresse.

— Sofreria se deixasse meus sentimentos pessoais tomarem a frente de minha conduta profissional. Sei que Solange vai precisar de ajuda, e estarei sempre pronta para ajudá-la, tenha certeza disto.

Raul abraçou-a, apertando-a contra o peito.

— Márcia, eu a amo, este abraço é a semente da nossa felicidade futura.

— A minha felicidade já existe no presente, amor.

— A minha também, porém no futuro será mais completa, com os filhos que vamos ter.

O livro *Luz viva*[11] desvela o verdadeiro sentido da felicidade, em definição clara e objetiva: *"A felicidade independe de postura ou situações, sendo um estado interior, resultante de largo trabalho de renovação moral e ação enobrecedora, que se apoiam numa fé raciocinada, qual luz na sombra densa, apontando o rumo com segurança. Examinada apenas do ponto de vista terreno, a felicidade, pelo breve trâmite carnal, não tem qualquer significado, permanecendo como capricho dos sentidos. Somente quando o homem projeta o pensamento para a vida espiritual é que a felicidade adquire significado real e se corporifica.*

Aprende a renunciar e a servir, substituindo os velhos padrões comportamentais e os clichês mentais cristalizados por novos conceitos e atitudes, nos quais estrutura as aspirações e se anula à luta vitoriosa.

Ante a dor, não se rebela; sob ofensas, não se entibia; diante de incompreensões e necessidades, não desanima; nas circunstâncias desagradáveis e nas carências, não se revolta, superando os fatores negativos e permanecendo na paz da consciência reta e do coração tranquilo..."

---

11. Ângelis, Joanna de; Divaldo P. Franco. *Luz viva*. Salvador: Leal, 2005.

Raul e Márcia entendiam o verdadeiro significado da felicidade e, dentro dessa consciência, procuravam semear a paz nos corações aflitos, estendendo as mãos para aqueles que se afundavam no próprio desespero.

O amor que os unia se fortalecia a cada dia, embalado pela generosidade com a qual se colocavam a serviço do semelhante, sem deixar que esse gesto anulasse o sentimento pleno e verdadeiro que os aproximara.

O casamento de Raul

Os dias se passaram.

Solange, ao tomar conhecimento de que Vinicius não nascera contaminado com o vírus HIV, sentira-se aliviada e confiante.

O sofrimento pelo qual passara tornara-a mais humilde, humana; conhecera a dor de perto e aprendera que todos nós estamos sujeitos a ela. Somos seres vulneráveis às vicissitudes da vida, por essa razão, não devemos alimentar preconceito; temos de aprender a não julgar, porque sempre erramos, mesmo que nossa mente não se lembre ou o erro esteja escondido em algum lugar no passado.

Agradecia a Deus a bênção recebida. Estreitara sua relação de amizade com Raul e Márcia e, na verdade, não sabia o que fazer para demonstrar a eles todo o seu agradecimento.

Prosseguia seu tratamento obedecendo rigorosamente toda a orientação médica, levando uma vida regrada e mais saudável, tanto na alimentação como nos bons hábitos.

Seus pais tudo faziam para vê-la feliz, e o carinho deles tocava seu coração profundamente. Amavam o netinho e tanto ela quanto ele eram alvo de atenção e carinho. Passara a valorizar cada momento de sua vida; sabia que inesperadamente tudo poderia acabar e lágrimas se fariam presentes. Conscientizara-se de que nada teria acontecido se não fosse sua imprudência, sua arrogância; enfim, não responsabilizava a ninguém a não ser a si mesma, e essa consciência levara-a a atitudes mais prudentes e humildes.

* * *

Faltavam apenas trinta dias para o casamento de Raul e Márcia.

Judite tratava a nora como se fosse sua própria filha, e ela retribuía o carinho, cobrindo-a de atenções e gentilezas. Com seus pais morando em outra cidade, Márcia considerava-a sua segunda mãe.

Os preparativos seguiam em ritmo acelerado, trazendo alegria para todos os que conviviam com os noivos. Um dia, Raul disse para a mãe:

– Mãe, nunca imaginei que eu seria tão feliz como sou agora. Tenho certeza de que Márcia é realmente a mulher da minha vida, aquela que será a mãe dos meus filhos, com quem quero viver até os últimos dos meus dias.

– Vocês serão muito felizes, meu filho. Márcia é uma excelente pessoa, possui tudo para fazer qualquer um feliz. Eu os abençoo e rogo a Deus que os proteja sempre, porque são muito especiais.

Sorrindo, Raul respondeu:

– Não vale dizer que somos especiais, mãe, a senhora é muito coruja!

– O tempo vai nos mostrar se é exagero ou simplesmente a verdade.
Raul, feliz, abraçou a mãe.

* ✽ *

Caminhando a passos acelerados, Raul dirigia-se à sua sala quando ouviu a voz de Márcia:
– Ei, aonde vai com essa pressa toda? Será que tem um minuto para sua noiva?
– Para você tenho todo o tempo do mundo. O que quer me dizer?
– Nada de diferente; apenas que o amo!
Raul a abraçou.
– Querida, mal posso esperar o momento de recebê-la como minha esposa e viver a seu lado para sempre.
– Até que a morte nos separe! – brincou Márcia, completando – e eu espero que ela não ouse fazer isso!
– Ela não fará; quero ter o prazer de vê-la bem velhinha, sentadinha em uma cadeira de balanço, fazendo bonecas de pano para nossas bisnetas.
– Bisnetas! Quer mesmo me ver bem velhinha, hein?
– Quero, e quando a olhar vou pensar: o que seria de mim se não fosse essa velhinha querida em minha vida?

* ✽ *

Finalmente, chegou o grande dia.
As delicadas flores enfeitavam o salão em que seria realizado o casamento civil de Raul e Márcia.

As mesas onde seria oferecido um jantar ao pequeno número de convidados estavam cobertas com toalhas de linho branco, bordadas com linha fina e delicada. No centro, um lindo arranjo de copos-de-leite, que combinavam com os grandes laços que ornamentavam o encosto das cadeiras.

Tudo demonstrava o bom gosto de Márcia, sua maneira requintada e gentil. A alegria se fazia presente no rosto de todos, mais ainda no semblante de seus pais, que se realizavam por ver a felicidade da filha.

Solange, Isabela, dr. Jerônimo e dr. Reinaldo eram padrinhos de Raul, que ostentava sua elegância em um terno cinza-escuro. Seus olhos brilhavam, levando para o exterior toda a felicidade que o envolvia naquela hora tão esperada.

Judite, ao seu lado, era o retrato do contentamento. Alma simples, de uma bondade ímpar, segurava as mãos dele com força, querendo transmitir-lhe o calor de seu amor. Em oração, pedia a felicidade para seu filho amado e para Márcia, a quem aprendera a amar como a uma filha. Respeitava aqueles jovens que colocavam o sentimento de fraternidade acima de seus próprios desejos, recebendo, por conta disso, a admiração de todos os que os conheciam.

De repente, ouviu-se um acorde... outro... outro, e uma doce música envolveu os presentes. O som dos violinos ecoava como uma melodia celestial. Abriu-se a cortina e Márcia entrou no salão; linda, em seu vestido de noiva. Caminhou em direção a Raul, conduzida pelos braços de seu pai, que mal conseguia segurar as lágrimas.

Os presentes se emocionaram. Sentiam que, naquele instante, duas almas afins se encontravam para viver a plenitude do amor, de uma maneira tão verdadeira que poderiam direcionar esse amor para o semelhante, sem perder nada que os unia. Sabiam que o amor, quando de verdade, entrava no coração do homem e podia transformá-lo na verdadeira criatura de Deus; e foi isso o que acontecera com Raul e Márcia; despojaram-se dos sentimentos menores; limparam o coração do orgulho e do egoísmo, que são como ervas daninhas, e encontraram na fraternidade a verdadeira essência de Deus.

Márcia caminhava lentamente em direção a Raul, que a aguardava com ansiedade. Ao aproximar-se do noivo, ele a beijou com delicadeza. Diante do Juiz de Paz, todos esperavam o início da cerimônia.

No dia anterior, ambos haviam ido ao centro espírita que frequentavam e pedido ao irmão Luiz conselhos para que pudessem prosseguir numa relação sábia e equilibrada. Márcia não deixava de lembrar as palavras sensatas do querido espírito.

"Filhos, prestem bem atenção no que lhes digo: muitos se casam com a única finalidade de 'ser felizes', quando deveriam se unir com o propósito de 'fazer' feliz. Percebem a diferença?
Quando visamos apenas à nossa felicidade; quando dizemos 'eu quero ser feliz', muitas vezes, esquecemo-nos do outro e exigimos que tudo seja feito para que possamos satisfazer nossos desejos; mas, quando pensamos primeiro em fazer nosso cônjuge feliz, promovemos nossa felicidade na proporção da felicidade que damos a ele. Sendo assim, quando cada um se esforça em fazer o outro feliz, vemos dois seres verdadeiramente felizes e realizados, simplesmente porque o egoísmo deixa de existir."

"Querido irmão Luiz", pensou Márcia, "que bom se estivesse aqui nos abençoando com sua energia de paz e amor."

Sem que ela pudesse explicar, sentiu um leve tremor em todo o seu corpo; uma brisa leve soprou-lhe os cabelos, como um carinho a aquecer-lhe a alma.

"Irmão Luiz..."

Se todos os encarnados pudessem ver ou sentir o mundo espiritual, perceberiam o querido espírito, envolvendo com energia salutar esses dois jovens que, confiantes, iniciavam o difícil, mas doce caminho, de uma vida em comum.

A cerimônia transcorria como de costume. Judite enxugava algumas lágrimas que traduziam a emoção que tomava conta de todo o seu ser. Sempre sonhara em ver o filho unindo-se a uma mulher que o amasse de verdade e respeitasse sua maneira de ser e, agora, ali, naquele instante, seu sonho tornava-se realidade. Acreditava firmemente que Raul soubera escolher sua companheira de jornada; pensavam e agiam de modo semelhante, e isso a confortava, porque conhecia seu filho e sabia que nada nem ninguém iria afastá-lo de seus ideais.

A expressão de paz e encantamento que se fazia presente nos olhos de Raul e Márcia contagiava a todos. Solange, que a tudo observava com atenção, não conseguia tirar de sua mente pensamentos de profundo arrependimento.

"Meu Deus, como pude ser tão cega a ponto de não enxergar a pessoa que estava ao meu lado? Poderia ser eu a noiva se não tivesse mantido meus olhos fechados pelo egoísmo e orgulho, que não me levaram a nada; não consegui perceber a alma nobre de Raul e o quanto eu poderia ser feliz! Agora, é tarde demais, não tenho futuro nem para me apaixonar de novo."

Olhando firmemente para Raul, pensou:

"Mesmo sentindo que meu amor por você renasceu forte e intenso, desejo de coração que seja muito feliz ao lado de Márcia, porque ela o merece. É tão nobre quanto você. Sejam felizes".

Irmão Luiz, que tudo percebia e que via no coração das pessoas se havia sinceridade ou não, elevou seu pensamento a Deus e orou:

– Senhor, graças Vos dou! Mais uma ovelha para o Vosso rebanho. Graças a Vós, Senhor, a dor como sábia companheira conseguiu extirpar do coração dessa irmã o orgulho e a vaidade, o egoísmo e a inconsequência. Agora, percebo a sinceridade de seu pensamento e de seu desejo, e Vos rogo: abençoai essa irmãzinha, firmai sua vontade no bem, fortalecendo seu espírito. Abençoado seja o Senhor.

Ficando mais próximo de Solange, ele emitiu uma energia de paz, equilibrando todo o seu corpo físico. Sem nem sequer suspeitar do que acontecia do outro lado da vida física, Solange registrou a presença do espírito amigo, sentindo um grande bem-estar.

A recepção oferecida aos convidados transcorreu animada e alegre. Todos os presentes comungavam entre si o mesmo desejo de verem os noivos felizes, desfrutando harmonia e equilíbrio na vida conjugal.

Isabela observava a filha, e seu coração se apertava, pois conseguia adivinhar o que se passava em seu coração. Solange sempre dera mais importância às aparências, para ela só importava o que as pessoas possuíam de material, e foi esse engano que a levou ao sofrimento. "Devemos ter muito cuidado com as aparências", pensava Isabela, "pois elas nunca dizem o que realmente habita o coração do ser humano. O mel da doçura precisa estar na alma, na essência, e não na máscara que o homem ostenta."

— Está tão pensativa, mãe, o que houve? — perguntou Solange se aproximando.

— Nada, filha, apenas observava a felicidade de Raul e Márcia; eles formam um belo casal, não acha?

— Acho sim, mãe, parece que foram feitos um para o outro.

Isabela pegou a mão da filha e lhe disse:

— Você também vai encontrar a pessoa certa, minha filha, o homem que vai fazê-la muito feliz.

— Mãe, não crie ilusão. Eu não vou me casar nunca, minha oportunidade já passou, e eu fui tola o bastante para não perceber; agora, quero viver para cuidar de Vinicius, o tempo que Deus me der de vida.

— Não fale assim, filha! — exclamou Isabela.

— Sou realista, mãe, e a minha realidade é essa, mas não me queixo, meu filho nasceu perfeito e saudável, a minha felicidade está aí.

— Isabela... Solange... venham comer um pedaço do bolo — convidou Judite. Está uma delícia!

— Vamos sim, Judite, deve estar ótimo.

A noite já ia alta quando Raul e Márcia se ausentaram. Usufruindo da licença a que tinham direito, viajaram para uma pequena cidade da montanha. O amor que os unia, a alegria que sentiam por estarem juntos propiciavam dias inesquecíveis.

Caminhavam por entre as alamedas floridas que os levava até o chalé onde se aqueciam no calor do fogo de uma singela lareira. Tudo para eles era perfeito, a simplicidade misturada à exuberância da vegetação local encantava o coração deles.

— Querida, sinto-me muito feliz ao seu lado e estarei assim por toda minha vida. Você é a mulher que eu amo, a companheira ideal, aquela que estará ao meu lado sempre. Deus abençoou o nosso amor e esse sentimento estará em nós pela eternidade.

— Eu também o amo muito, Raul, alegra-me saber que o faço feliz, a minha intenção é essa... fazê-lo feliz para sempre.

Raul pegou-a pela cintura e rodopiou-a como uma criança.

— Então vamos mesmo ser felizes, porque a única coisa que realmente me importa é também fazê-la feliz e realizada.

— Eu já sou, meu amor, feliz e realizada!

Um beijo apaixonado sempre selava as promessas dos dois enamorados.

Os longos passeios, os planos de vida pessoal e profissional faziam parte dos primeiros dias de casados. Sentados nas pedras, com os pés submersos nas águas da cachoeira, trocavam ideias e juras de amor.

— Raul — disse Márcia —, preocupo-me muito com Solange, receio que ela possa entrar em depressão pelo medo que sente de deixar Vinicius sozinho.

— Márcia, contra isso nada podemos fazer, se estiver nos planos de Deus acontecerá, a nós só nos resta dar-lhe suporte para enfrentar com mais segurança os dias que ela julga sombrios; deixá-la confiante na nossa amizade; enfim, dar-lhe todo o apoio médico e amigo aproximando-nos mais dela.

— Você tem razão. Ela conta com a presença dos pais que lhe dedicam e ao neto todo o amor e carinho; isso faz com que se sinta mais segura em relação à sua realidade.

Após ouvir isso, ele abraçou a esposa.

— Vamos aproveitar o máximo, nossa folga termina daqui a dois dias! — exclamou Raul. — Depois o dever nos chama.

— O dever e seus pacientes, que já se acostumaram com o médico-amigo que só falta colocá-los no colo.

Raul sorriu.

– Está com ciúmes? – perguntou sorrindo.

– Não, estou orgulhosa do marido que tenho! Rogo a Deus ter prudência para merecer a grande felicidade que você me proporciona.

* * *

Raul acordou cedo.

Olhou a esposa que dormia serenamente, passou as mãos por seus cabelos, beijou-lhe a face e disse:

– Amor, acorde, temos de viajar.

Márcia abriu os olhos, bocejou e, fazendo charme, respondeu:

– Precisamos ir agora tão cedo?

– Sim, são seis horas de viagem; é melhor viajarmos pela manhã quando o sol é mais ameno.

– Tem razão – disse Márcia se levantando.

Em pouco tempo, ambos pegavam a estrada. Assim, retornaram à rotina, após quinze dias de sonho vividos em meio às delícias da montanha. No coração deles reinava a certeza de dias felizes. Era o início de uma união cheia de ventura, marcada por atos de generosidade que impulsionavam esses dois seres que dedicavam a vida com serenidade e amor às leis divinas.

A volta ao trabalho

No dia seguinte à chegada, Raul e Márcia retornaram ao hospital.

A alegria presente no rosto do casal contagiava a todos, que ficaram felizes em revê-los.

– E aí, temos herdeiro à vista?

Meio sem jeito, Márcia respondeu:

– Calma, ainda é muito cedo para pensar em herdeiro, não acha?

– Cedo! Nossa... pensei que já fossem voltar com três – disse Rubens brincando.

– Você, hein! – respondeu Márcia um pouco encabulada. – Tem o dom de me deixar sem jeito.

– Brincadeira, amiga – respondeu, dando-lhe um beijo nos cabelos sedosos.

Virou-se para Raul e completou:

– Com todo o respeito, chefão!

Todos sorriram.

– Chega de farra – disse Raul. – E as coisas como estão, tudo em ordem com os pacientes?

Raul e Márcia perceberam o constrangimento de todos. Preocupado, ele voltou a perguntar:

— Aconteceu alguma coisa enquanto estivemos fora?

Rubens adiantou-se, segurou Raul pelos braços e respondeu:

— Com os pacientes está tudo em ordem, nenhuma novidade, mas...

— Mas? – repetiu Raul.

— Temos uma notícia muito desagradável, triste mesmo.

— Diga, Rubens, o que aconteceu que o deixou assim tão temeroso em dizer?

— É a Solange.

— O que tem a Solange? – foi a vez de Márcia perguntar preocupada.

— Os pais dela sofreram um acidente de carro quando voltavam da chácara e...

— E?

— Infelizmente, morreram.

Perplexo, Raul perguntou:

— Os dois?

— Infelizmente, sim, os dois morreram no local, nada foi possível fazer por eles.

— Não é possível! – exclamou Márcia. – Quando foi isso?

— Faz quase quinze dias.

— Então aconteceu assim que viajamos.

— Sim, logo em seguida.

— Por que não nos avisaram, teríamos voltado.

— Solange não deixou, sabia que voltariam e não queria interromper a felicidade de vocês.

— Ela disse: "Essa viagem é uma só, eles têm direito a ela, quanto aos meus pais nada poderão fazer. É melhor deixá-los fora dessa tristeza, o momento deles, agora, é de alegria".

Raul e Márcia se olharam e pensaram a mesma coisa.

"Como Solange mudou!"

— Como ela está? — perguntou Márcia.

— Você pode imaginar, Márcia, inconsolável. Dá pena ver o estado em que ficou.

— E Vinicius, como está?

— Vinicius está muito bem, sua mãe é que está muito abalada, deprimida, acredito mesmo que vai precisar de vocês que são, na realidade, seus únicos amigos.

Márcia, voltando-se para o marido, disse:

— Raul, precisamos vê-la. Vamos até a casa dela?

— Sim, querida, vamos. Dê-me apenas um tempo para ver como estão meus pacientes e vamos em seguida.

— Está bem, aguardo-o na minha sala.

Em duas horas mais ou menos Raul e Márcia chegavam à casa de Solange.

— Dona Solange, visita para a senhora.

Solange direcionou seus olhos tristes para Matilde, sua fiel secretária do lar, e respondeu:

— Não desejo receber ninguém; já lhe disse, Matilde, não estou para ninguém, seja quem for.

Matilde, sabendo o quanto ela iria gostar de recebê-los, pediu que entrassem, ignorando a decisão da patroa.

Márcia e Raul entraram e se surpreenderam com o aspecto da amiga. Encontraram-na sentada em confortável poltrona, com Vinicius ao colo, tentando fazê-lo dormir. Olhos tristes, fisionomia abatida, dava a impressão de nada fazer para aceitar a situação que vivenciava. Seu aspecto descuidado em nada lembrava a moça de beleza estonteante que sempre fora.

— Solange, gostaríamos de dar-lhe um abraço, soubemos há pouco do que aconteceu com seus pais, viemos trazer-lhe nossa solidariedade e nos colocar à sua disposição para o que necessitar.

Solange, assim que os viu deixou um sorriso aflorar em seus lábios.

— Márcia... Raul... meu Deus, que bom vocês estarem aqui, preciso muito de vocês, dos conselhos, da ajuda...

— Estamos aqui para ajudá-la, como já lhe disse, conte sempre conosco para o que precisar. Se não for machucá-la ainda mais, gostaria de saber como tudo aconteceu — disse Raul.

— Para vocês não me importo de falar sobre isso. Foi uma tragédia, Raul. Meus pais vinham da chácara quando, em uma curva, um caminhão perdeu a direção, atravessou a pista e chocou-se de frente com o carro de papai. O choque foi tão violento que eles morreram na hora, ficaram presos nas ferragens. Foi horrível; não consigo acreditar que tudo isso tenha acontecido de verdade, parece um pesadelo do qual preciso acordar! Não posso suportar minha vida sem meus pais que tanto me amavam.

Márcia passou suas mãos nos cabelos de Solange.

— Tudo isso vai passar, minha amiga; seu coração vai se acalmar, é preciso dar tempo ao tempo. As pessoas que amamos, quando partem, continuam conosco pelo afeto existente, a distância existe para os olhos, mas não para o coração.

— Mas é tão triste, Márcia.

— Solange, você se lembra das conversas que tivemos sobre a vida após a vida?

— Márcia, você quer dizer a vida depois da morte, não?

— Não, Solange, quero dizer a vida após a vida, porque a morte não passa de uma breve despedida; o início de uma outra vida, que é a real, mas que nos esquecemos quando encarnados. A morte existe somente para o corpo físico, com a falência de seus órgãos; para o espírito, a vida ressurge em toda a sua plenitude. Quando o homem acaba, a alma começa, dizia Victor Hugo.

– É difícil aceitar isso com tranquilidade, Márcia. Sinto tanta falta de meus pais que chega a doer dentro de mim.

Raul, que até então estivera silencioso, interveio:

– Solange, quando aceitamos a vontade de nosso Pai, damos a nós mesmos as condições de equilíbrio e paz. Seus pais, com certeza, estão amparados; deixe-os livres para seguirem sua evolução. Eles não a esqueceram e, com certeza, vão pedir por você e por Vinicius ao nosso Mestre Jesus.

– Diga-me, Raul, o que posso fazer se ainda sinto a falta deles? A cada dia que passa, parece que a saudade aumenta; essa ausência machuca minha alma.

– Solange, veja bem: a saudade, a falta que você sente de seus pais, essa vontade incontida de chorar, são reações normais. Eles se foram há muito pouco tempo e é natural que você sofra. A separação dos nossos entes queridos é dolorosa; afinal, somos seres comuns, com reações comuns. O que não é prudente é se desesperar, blasfemar contra a vida, revoltando-se contra a vontade de Deus. Tudo acontece seguindo Sua lei e Sua justiça, conosco não é diferente. O pranto saudoso, equilibrado, as lágrimas de amor não prejudicam, desde que sigam a trajetória natural.

Com tranquilidade, Raul continuou:

– O tempo coloca todas as coisas nos lugares certos. O desespero, a inconformação, o sofrimento desarrazoado, estes sim, prejudicam aqueles que partiram, porque levam até eles a angústia e a revolta, demonstrando falta de fé no Criador.

– Meu Deus do Céu, o que devo fazer, então?

— Confiar em Jesus e no Seu auxílio; colocar sua atenção em seu filho tão pequeno ainda e que necessita tanto de você e, também, na sua saúde, sem descuidar das orientações recebidas.

Solange, com o olhar absorto, disse:

— Tenho tantas perguntas para lhes fazer; gostaria de sair dessa confusão que está minha cabeça.

— Solange, todos nós temos muitas perguntas durante toda a nossa existência, nem sempre encontramos as respostas, porque geralmente não estamos preparados para elas; e quando elas vêm, nem sempre estão de acordo com o que esperamos ou queremos ouvir.

Foram interrompidos por Matilde.

— Dona Solange, a mesa para o chá está arrumada, não gostaria de vir com os seus amigos? Fiz os quitutes que a senhora tanto gosta.

Com indiferença, Solange respondeu:

— Obrigada, Matilde, mas não sinto fome.

— Dona Solange, desculpe, mas a senhora não está sendo delicada com seus amigos — disse Matilde. — Acompanhe-nos pelo menos até a mesa.

— Muito bem, Matilde, não acredito que Solange vai nos privar de saborear esse chá e seus quitutes tão famosos. Não posso aceitar isso — disse Márcia brincando.

Solange, caindo em si, respondeu meio sem jeito:

— Desculpe, Márcia, perdoe-me, estou tão confusa que nem percebi o quanto fui indelicada.

— Não precisa se desculpar, amiga, fiz apenas uma brincadeira; mas agora vou falar sério: você precisa se alimentar, é importante manter seu físico equilibrado, bem-nutrido, enfim, precisa reagir, Solange, e que tal começar pela alimentação?

— A senhora tem razão, dona Márcia – disse Matilde –, nada que eu faço lhe agrada, não se alimenta direito, não sai desta sala, fica o dia inteiro pensativa, só se alegra um pouco quando coloca Vinicius em seu colo. Não sei o que fazer!

— Matilde tem razão, Solange, a vida continua e tenho certeza de que seus pais não gostariam de vê-la assim, sem reagir ao sofrimento. Vinicius merece uma mãe alegre, que lhe mostre o quanto é feliz por tê-lo ao seu lado. Deixe que ele inicie sua vida aqui na Terra em meio à alegria, à felicidade, junto de sua mãe. Ele tem direito a isso.

Solange silenciou-se por alguns instantes. Raul aproveitou esse momento e completou:

— Solange, a vida sempre vai nos oferecer oportunidade de aprendizado, nem sempre esses momentos são os mais felizes, mas com certeza são os que precisamos para abrir os nossos olhos, acordar, lutar e vencer os desafios impostos. Os sofrimentos não acontecem sem causa justa; vencer as aflições pelas quais passamos é vencer a nós mesmos, é nos proporcionar chances de nos melhorar como criaturas de Deus.

Tentando esconder pequenas lágrimas que embaçavam seus olhos, Solange respondeu:

— Vocês estão cobertos de razão; Jesus há de me dar forças para reagir.

— Comece agora – disse Matilde na sua simplicidade.

— Tem razão. Vamos, então, Matilde é uma quituteira de mão-cheia.

O lanche transcorreu com certa alegria.

Todos se deliciaram com o chá e os quitutes feitos com carinho por Matilde. Raul e Márcia, percebendo estar Solange mais tranquila e confiante, despediram-se da amiga e voltaram para o hospital para a rotina costumeira, prometendo retornarem assim que possível.

> "*Deus não envia nada de graça, mas dá-nos oportunidade, o esclarecimento e as condições para alcançarmos nosso equilíbrio, que devemos buscar através da nossa reforma interior*[12]."

---

12. Irmão Ivo. *A essência da alma*. São Paulo: Lúmen Editorial, 2006.

A decepção de Márcia

Decorreram-se oito meses desde o casamento de Raul e Márcia.

Os dois viviam felizes como sempre sonharam. Entendiam-se muito bem, tanto na vida comum como na profissional. E, apesar de se dedicarem com afinco e amor aos pacientes, não deixavam que isso interferisse no relacionamento conjugal e se esforçavam para proporcionarem felicidade um ao outro.

Colocavam em prática tudo o que aprendiam nas palestras que ouviam semanalmente no centro espírita que frequentavam. Lembravam-se na íntegra de todas as palavras ditas pelo irmão Luiz, e eram essas mesmas palavras que lhes proporcionavam força para cada dia mais entenderem o sofrimento e a aflição alheia; assim, ofereciam-se com afeto àqueles que apenas tinham como companhia o medo e a solidão.

As explicações do querido amigo espiritual calavam fundo na alma de quantos o ouviam, porque, inserido nessas explicações, havia o conteúdo da verdade. Com regularidade, Raul trazia à mente esclarecimentos como:

"Deus ocupa-se de todos os seres que criou, por menores que sejam. Nada é demasiadamente pequeno ante a Sua bondade. Deus tem as Suas leis, que regem todas as vossas ações. Se as violardes, a culpa é vossa. Sem dúvida, quando um homem comete um excesso, Deus não lavra contra ele uma sentença, para lhe dizer, por exemplo: 'És um glutão e eu te vou castigar'. Mas traçou um limite. As doenças, e, às vezes, a morte, são consequências dos excessos. Eis a punição: ela resulta da mesma infração da lei. Assim em tudo o mais[13]."

Nos dias de folga de Raul, ele e Márcia geralmente iam almoçar e passar a tarde em companhia de Judite, que não sabia o que fazer para agradar-lhes, principalmente à Márcia, que considerava, cada dia mais, uma verdadeira filha.

Contudo, havia algum tempo, Raul começara a perceber que Márcia andava um pouco triste, calada, sempre pensativa. Preocupado, perguntou:

– Querida, tenho notado que você anda muito pensativa de uns dias para cá; você está com algum problema; alguma coisa em que posso ajudá-la?

Tentando aparentar calma, Márcia respondeu:

– Não tenho nada, Raul. Estou muito bem, talvez esteja um pouco cansada, só isso.

Raul abraçou-a e disse carinhosamente:

– Meu amor, espero que seja somente isso; não gosto de vê-la preocupada.

---

13. Kardec, Allan. *O Livro dos Espíritos*. Quarta Parte. Cap. II. Item III, questões 963 e 964. São Paulo: Opus. p. 231.

— Fique tranquilo, Raul, realmente não tenho nada que justifique preocupação.

— Prometa-me que qualquer problema que existir você me contará?

— Já disse, fique tranquilo, não vou lhe esconder nada.

Márcia beijou o marido e, levantando-se, foi até seu quarto, apanhou o livro O *Evangelho Segundo o Espiritismo*, sentou-se em uma cadeira confortável e, abrindo-o ao acaso, começou a ler.

Raul, intranquilo com a explicação da esposa, após alguns minutos foi ao seu encontro. Vendo-a tão serena lendo o Evangelho, pensou:

"Devo estar imaginando coisas, ela deve estar bem. Pode ser que seja mesmo apenas cansaço; ela se dedica muito a seus pacientes".

Aproximou-se dela e lhe disse em tom baixo, tentando não incomodá-la:

— Querida, vou até o hospital, estou com um paciente em estado grave. Gostaria de ir comigo?

— Se você não se importa, meu bem, prefiro ficar em casa entregue à minha leitura. Amanhã preciso me levantar cedo e quero descansar um pouco.

— Como você preferir.

Beijou a esposa e saiu em direção ao hospital. Novamente a dúvida tomou conta de seu coração.

"Sinto que Márcia esconde alguma coisa de mim", pensou.

Ao chegar ao hospital, ele encontrou com Cecília, que levava os medicamentos para os internos.

— Que bom encontrá-lo, dr. Raul; sabe o Osvaldo, aquele do leito 52?

– Claro, sei quem é; o que tem ele, algum problema novo?
– Problema propriamente não, nada mudou em seu estado.
– Então, o que está acontecendo?
– Hoje está muito deprimido, culpa um moço pela situação em que está e julga-se vítima dos problemas que está enfrentando.
– Vou até ele; aliás, a minha vinda aqui a esta hora foi mesmo para vê-lo.

Ao entrar na enfermaria, Raul encontrou Osvaldo completamente agitado. Aproximou-se dele e tocou-o de leve dizendo:

– Amigo, o que está acontecendo, qual o motivo dessa agitação toda?
– Oi, doutor, que bom vê-lo, pelo menos alguém aqui neste hospital preocupa-se com a gente.

Raul sorriu.

– Não diga isso, Osvaldo, essa sua queixa não procede, todos aqui dentro cuidam bem dos pacientes e se preocupam com o bem-estar de todos.
– Ah, deixa para lá! – exclamou Osvaldo, sabendo que não possuía argumentos para sustentar sua reclamação, preferindo encerrar a questão.
– Diga-me então, o verdadeiro motivo de sua inquietação.
– Sabe o que é, doutor, estou me lembrando de um amigo que foi quem me iniciou na relação homossexual e, cada vez que me lembro, sinto uma raiva muito grande porque se estou nessa situação a culpa é toda dele.
– E o que faz você pensar que a culpa é somente dele?
– Evidentemente que é, doutor; se ele não tivesse me incentivado, eu não teria feito nada do que fiz.

Sentindo grande compaixão por aquele irmão que sofria por conta de sua própria irresponsabilidade, Raul disse:

— Osvaldo, responda-me sinceramente sem camuflar a verdade: "Você acha mesmo que se não tivesse tendência homossexual teria aceitado com rapidez as palavras e o convite de seu amigo?".

— Não sei nada sobre mim, o que sei é que ele fez tudo de caso bem pensado, somente para me prejudicar.

— Osvaldo, preste atenção no que vou lhe dizer: o seu amigo lhe falou sobre o que gostava de fazer, você não recusou; ao contrário, quis fazer também. Por quê? Porque as palavras dele foram ao encontro de sua vontade. Quem, como você, não sabe nada sobre si mesmo, não pode pretender saber sobre os outros. Não é prudente colocar a culpa dos nossos erros nos ombros de outros. Você se entregou à promiscuidade, fez sexo sem proteção, enganou-se ao viver apenas para a satisfação material do seu corpo e, agora, sofre a reação das suas próprias ações.

— Doutor, o senhor não está entendendo e está sendo muito duro comigo.

— Engano seu, Osvaldo, eu o estou entendendo sim e não estou sendo duro, mas apenas tentando mostrar-lhe que todos nós somos responsáveis por nossas imprudências e não é justo culparmos os outros pelos nossos atos. Se você não alimentasse esse desejo, não teria se lançado nele.

— Mas, doutor, sinto um ódio tão grande dentro de mim!

— Não sinta, Osvaldo, isso só vai prejudicá-lo e complicar ainda mais seu sofrimento, porque esse sentimento destrói o sentimento de bondade e compreensão que devemos ter com nosso próximo e nos lança na angústia, que desequilibra nosso emocional.

— O que devo fazer então, sofrer sozinho?

— Quem sofre com Jesus no coração, Osvaldo, não sofre sozinho, ao contrário, sofre amparado pelo melhor amigo que se pode ter. Ainda é tempo de limpar seu coração desse ranço e permitir que a paz o preencha.

— Mas do que adianta, vou morrer, mesmo!

— Adianta mais do que você pensa. Se você entrar no reino da espiritualidade levando consigo o ódio, vai sofrer; prepare-se para entrar pela porta da frente, merecer o acolhimento dos espíritos amigos e ser alvo da bênção e do amor infinito que jamais excluem uma só criatura de Deus.

Osvaldo, já tocado pelas palavras do médico, respondeu:

— Vou pensar, preciso pensar em tudo isso que o senhor me falou.

— Faça isso, Osvaldo, pense; espero que tenha lucidez para compreender, perdoar e se preparar para que sua entrada no mundo espiritual seja tranquila; pense em Jesus e nos seus ensinamentos.

— Obrigado, doutor!

— Bem, agora vamos aos medicamentos.

Cecília, que a tudo ouvia, ao ver Raul deixar a enfermaria abordou-o dizendo:

— Desculpe, doutor, mas nunca vi em todos esses anos que trabalho como enfermeira, um médico falar dessa maneira com os pacientes. Admiro a compreensão que o senhor tem por eles.

— Cecília, não faço nada de mais; apenas vivo a realidade deles, uma realidade que pode acontecer a qualquer um de nós; dou-lhes amor, respeito e compreensão, além dos remédios, nada mais que isso.

— É verdade o que todos dizem, o senhor é realmente uma pessoa muito especial; todos o admiram.

– Obrigado, Cecília, mas gostaria que não exagerassem!
– Está certo, doutor.
– Vou visitar alguns pacientes e logo vou embora. Até amanhã!
– Até amanhã – respondeu Cecília pensando: "Que grande ser humano é o dr. Raul; se todas as pessoas tivessem o mesmo entendimento dele, acredito que o mundo seria melhor".

Após visitar os pacientes mais graves, Raul retornou a sua casa.

Encontrou Márcia no mesmo lugar, ouvindo suave melodia. Imaginando que realmente algo a preocupava, abraçou-a docemente e, alisando seus cabelos, perguntou:

– Querida, preocupa-me a maneira como você está se comportando de uns dias para cá; acho-a quieta, pensativa, falando pouco; por favor, divida comigo sua preocupação.

– Raul, não queria preocupá-lo, mas também não é justo que você não saiba.

– Fale, não me deixe nessa expectativa.

– Estive há alguns dias no consultório do dr. Jerônimo para uma consulta.

– Meu Deus, Márcia, você está doente e não me falou nada?

– Calma, não estou doente.

– Então, por que a consulta?

– O que acontece é o seguinte: todas as vezes que vamos à casa de dona Judite, ela, brincando, pergunta quando vai ganhar um netinho. Isso começou a me preocupar, porque vinha ao encontro do meu desejo maior, que é ser mãe. Há algum tempo deixamos de nos proteger para que eu pudesse engravidar e, como isso não aconteceu, fui até o dr. Jerônimo, que solicitou alguns exames e o resultado saiu há mais ou menos quinze dias.

– E daí, qual foi o resultado? – perguntou Raul ansioso.

– O resultado, Raul, é que nunca vou poder gerar um filho.

Raul se controlou para não transparecer sua emoção.

– Qual a causa?

– Tenho obstrução bilateral nas trompas, sequela de uma tuberculose que tive na infância.

– Meu amor, não vamos nos abater, é uma situação que não podemos mudar e o porquê de passarmos por ela não sabemos, mas, com certeza, existe uma razão.

– Raul, você está triste, decepcionado comigo? – perguntou Márcia ansiosa.

– Não vou negar que fiquei um pouco triste sim, mas decepcionado com você, jamais. Querida, eu a amo e sou feliz ao seu lado, nada vai mudar isso. Não quero vê-la triste um só instante, se a vontade de nosso Pai é essa, quem somos nós para questionar Aquele que nos criou? Tanto recebemos nesta vida, não é justo reclamarmos quando um só desejo nosso não se realiza.

– Sei que tem razão, Raul, mas daqui a alguns anos estaremos sozinhos, sem ninguém para orientarmos, ensinar tudo em que acreditamos; nossa casa estará vazia do sorriso de uma criança, das peraltices e dos carinhos dela. Acho isso muito triste.

Com todo carinho, Raul encostou o rosto de Márcia em seu ombro e disse:

– Márcia, estaremos sozinhos se quisermos.

– Como assim?

– Querida, quantas crianças conhecemos que perderam seus pais vitimados por essa doença que conhecemos tão bem e pela qual lutamos, levando condições mais dignas e menos sofrimentos às vítimas que a contraem?

— Você... está falando em adoção?

Raul sorriu.

— Por que não? Muitas são ainda bebês, outras estão na primeira infância, por que não adotá-las? Será que temos um amor tão pequeno que existe somente dentro do útero? Ou será que ele pode se expandir para nosso coração? Acredito que, tanto eu quanto você, saberemos amar sem distinção aqueles que cruzarem nosso caminho. Poderemos orientá-los, transformando-os em grandes seres humanos; levar a alegria que almejamos para dentro da nossa casa e para o coraçãozinho dessas crianças que sonham com uma família de verdade.

— Raul, falando assim devolve-me a alegria de viver e a esperança de ser mãe, senão do meu útero, mas do meu coração.

Márcia não se conteve e chorou.

— O que é isso? — perguntou Raul. — Não era para estar sorrindo?

— Essas lágrimas são de alegria, meu amor, não sei como pude pensar por um momento que você iria se decepcionar comigo, justo você, que tem uma metade de amor e a outra também.

— Nossa, meu amor, não sou tudo isso!

— É muito mais. Para mim você possui tudo o que esperei de um companheiro e agradeço a Deus por essa bênção.

— Márcia, não coloque tanta expectativa em mim, poderá um dia se decepcionar; tenho todas as imperfeições inerentes ao ser humano, sou absolutamente um homem comum e gostaria que me visse assim.

Márcia sorriu.

— Raul, sou lúcida o bastante para entender isso, mas é dentro da minha consciência de saber que todos somos imperfeitos, que já erramos muito e vamos errar ainda mais, que o tenho neste conceito de homem de bem. A nossa imperfeição humana não nos impede de sentirmos amor fraternal, amor que vai além de nós mesmos; amor que compreende as falhas humanas porque sabe exatamente o quanto somos comuns. Jesus mostrou isso para a humanidade e se Ele assim o fez é porque sabia que todos têm capacidade de se tornarem melhores, pois é para essa transformação que encarnamos na Terra.

O olhar de ternura de Raul incentivou Márcia a continuar.

— Jesus falou de amor, deixou claro para o mundo que somente esse sentimento poderia transformar o homem; entretanto, o homem quer transformá-lo com a guerra, com o descaso, com a ânsia de poder e, cada vez mais, enrosca-se na própria imprudência, no delírio das conquistas materiais, que no fim dos dias ficarão aqui na Terra. E, pobre deles, voltarão um a um com as mãos vazias, a dor e o arrependimento no coração.

Raul cada vez mais se impressionava com as palavras da esposa.

— Meu amor, não sei o que lhe dizer!

Márcia levantou-se, abraçou o marido com todo o amor que sentia, e disse:

— Que tal dizer apenas que me ama?

Aquele momento transformou-se no encontro de duas almas que se fundiram em um só corpo.

"O que impele o homem à guerra?
A predominância da natureza animal sobre a natureza espiritual; e a satisfação das paixões.

A guerra desaparecerá um dia da face da Terra?
Sim, quando os homens compreenderem a justiça e praticarem a Lei de Deus. Então todos os povos serão irmãos.
Que pensar daquele que provoca a guerra em seu proveito?
Esse é o grande culpado, e precisará de muitas existências para expiar todos os assassínios de que tenha sido causa: responderá por todos os homens, cuja morte tenha provocado para satisfazer à própria ambição[14]."

---

14. Kardec, Allan. *O Livro dos Espíritos*. Terceira Parte. Cap. VI. Item III, questões 742, 743 e 745. São Paulo: Opus. p. 187.

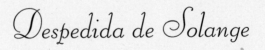

Despedida de Solange

Solange levantou-se com o intuito de ir até o escritório do dr. Maurício, advogado de seus pais havia vários anos.

Brincou um pouco com Vinicius, dando vazão ao amor que sentia por aquele filho que tanta alegria lhe proporcionava. Vinicius era o motivo de sua luta para sobreviver, vivia por meio do sorriso daquela criança que tanto amava.

— A senhora precisa sair um pouco, dona Solange, passear, ver seus amigos, distrair-se — disse Matilde. — Fica sempre em casa, não visita ninguém, com exceção do dr. Raul e de Márcia, a senhora não recebe mais ninguém!

— Matilde, sinto-me bem assim; Vinicius preenche meu coração, não preciso mais do que isso para me sentir feliz, afinal, o que posso esperar mais da minha vida?

Matilde não se conformou com a resposta.

— Eu não sei nada, dona Solange, mas imagino que enquanto estamos vivos devemos esperar sempre alguma coisa a nosso favor, isso se chama esperança.

— Para mim, Matilde, a esperança conta muito pouco.

— A senhora é quem sabe — respondeu Matilde resmungando.

— Matilde, cuide de Vinicius para mim, por favor, preciso me ausentar e não sei se demoro ou não.

— Pode sair sossegada, dona Solange, cuidarei bem dele.

— Sei disso, Matilde, confio em você, sempre ao meu lado, fiel e prestativa.

— Alguma recomendação especial?

— Apenas não se esqueça de dar a vitamina às quinze horas; no mais você sabe o que fazer.

— Vá tranquila, sem se preocupar.

— Obrigada, Matilde. Até logo!

No percurso até o escritório, Solange foi pensando em tudo o que gostaria de resolver com o advogado.

Ao entrar em sua sala, após os cumprimentos, a lembrança de seus pais calou fundo em sua alma. Olhando para o advogado, Solange recordou de todos os anos em que ele os servira com dedicação e amizade.

Pensou: "Posso confiar nele, é a pessoa indicada", e foi direto ao assunto. Assim que expôs tudo o que pretendia fazer, finalizou:

— É isso que eu gostaria que o senhor providenciasse, dr. Maurício; confio plenamente no senhor, assim como meu pai confiava, e sei que fará da maneira como estou lhe pedindo.

— Agradeço a confiança, dona Solange. Assim como fiz para seu pai, dar-lhe-ei toda a assistência de que necessita. Amanhã mesmo começarei a providenciar tudo, do jeito que a senhora deseja. Qualquer coisa, entrarei em contato.

— Muito obrigada; agora preciso ir, deixei Vinicius com a Matilde e não gosto de ficar muito tempo longe dele.

– Tem razão, filhos sempre nos dão preocupação.
– Até outro dia, doutor.
– Prazer em revê-la.
– Obrigada.

Solange saiu do escritório a passos lentos; levava no rosto a marca do sofrimento que sentia dentro de si, uma angústia que, às vezes, parecia sufocá-la. Regressando a casa, recordou-se com saudade de seus pais queridos. Como Vinicius dormia tranquilo, entregou-se à lembrança dos últimos meses de sua vida.

"Como minha vida mudou, meu Deus, ou melhor, como eu mudei. Antes frívola, inconsequente, arrogante, mesmo, não me importava com nada que não fosse a minha satisfação pessoal. Hoje vivo para meu filho e sofro pela incerteza do amanhã. Ultimamente não ando me sentindo muito bem, alguma coisa está acontecendo, preciso ir a uma consulta com Raul. Meu Deus, quanta insegurança em relação ao futuro de Vinicius", pensava, "mas acho que hoje tomei a decisão mais acertada. Quando estamos bem, com saúde; quando temos dinheiro para gastar sem preocupação, esquecemo-nos de olhar para a vida que pulsa à nossa volta; julgamo-nos poderosas, tão poderosas que achamos poder evitar a morte; entretanto, quando ela se aproxima, percebemos a nossa fragilidade e trememos medrosas diante do poder de Deus."

Suas reflexões foram interrompidas com o choro de Vinicius, reclamando a presença dela.

Alguns dias depois, sentindo fortes dores nas costas e no peito, ela resolveu procurar Raul. Ele a examinou com cuidado, pediu radiografias, alguns exames urgentes e, depois de algumas horas, o diagnóstico: pneumonia dupla.

— Solange, não se assuste, mas preciso pedir a sua internação.

— Por quê, Raul, não poderia tratar-me em casa?

— Não, Solange, no hospital temos os recursos necessários, seria total imprudência deixá-la ir para sua casa; não podemos correr nenhum risco.

— E Vinicius? O que vai ser dele, com quem vai ficar?

— Não é possível trazê-lo aqui no hospital, correria o risco de contrair alguma infecção. É melhor deixá-lo com Matilde, ela cuidará bem dele.

— Tudo bem, Raul, mas faça-me um favor, peça a Márcia que venha até aqui, preciso falar-lhe.

— Fique tranquila, vou falar com ela, tenho certeza de que estará aqui o mais rápido possível. Agora, quero que se acalme, vou agilizar sua internação, logo Márcia estará aqui.

Tomando as providências necessárias, Solange se internou no pequeno hospital que ela sempre criticara.

Em pouco tempo, Márcia, atendendo ao seu pedido, foi ter com ela. Encontrou-a chorosa e muito nervosa.

— Por que está assim, Solange? Sua internação é importante para o seu tratamento, aqui terá tudo o que precisa para se recuperar; tente se acalmar.

— Não posso me acalmar, Márcia, sinto falta de Vinicius, nunca fiquei longe dele; quero aproveitar todo o tempo de que disponho para usufruir a doce presença dele.

— Solange, compreendo o seu receio e sou solidária a você, mas, agora, deve pensar em ficar boa para voltar o mais rápido possível para sua casa.

Solange ficou pensativa por uns instantes, depois disse:

— Não sei, Márcia; acho que não retornarei mais para minha casa, por isso pedi a você que viesse até aqui, preciso lhe falar.

— O que é isso, virou vidente? — perguntou brincando.

— Não, não virei vidente, mas há alguns dias sinto alguma coisa diferente em mim, um pressentimento, não sei direito.

Sem dizer nada, pensou: "Ainda bem que deixei tudo assinado e certo com o dr. Maurício, ele fará o que eu lhe pedi e isso me dá um pouco de tranquilidade".

Séria, segurou as mãos de Márcia e disse, quase num soluço:

— Quero lhe pedir que vá ver Vinicius todos os dias, ver como ele está, brincar com ele; enfim, gostaria que ele se acostumasse e se apegasse a você.

— Por que isso, agora, Solange, do que tem medo?

— Prometa-me que fará o que estou lhe pedindo.

— Claro que prometo, e farei com prazer, estimo muito seu filho, para ser franca gosto dele mais do que deveria e de você também, mas não entendo por que quer vê-lo apegado a mim.

— Para que ele não sinta a minha falta.

Surpresa com o que acabava de ouvir, Márcia respondeu:

— Solange, o que você está alimentando nessa cabecinha?

— Nada de mais, Márcia, apenas quero evitar que ele sofra enquanto eu estiver aqui presa neste leito; só isso. Ele, sentindo-se bem e amparado por você, sofrerá menos. É muito pequeno ainda, será fácil se apegar a você. Faça isso por mim!

Meio desconfiada, Márcia respondeu:

— Está bem, assim está melhor — sorriu e abraçou a amiga, encorajando-a.

Raul dedicava-se a Solange com todo o carinho e competência, mas seu estado de saúde se agravava a cada dia, deixando-o muito preocupado.

Márcia, cumprindo o que prometera a Solange, passava quase a maior parte do seu tempo livre com Vinicius que, como previra Solange, a cada dia mais se apegava a ela, correndo com seus bracinhos abertos para encontrá-la todas as vezes que ela chegava à sua casa. Na sua inocência infantil, não sabia como expressar a saudade que sentia de sua mãe e, mais e mais, entregava-se aos carinhos de Márcia, satisfazendo assim seu desejo de proteção e amparo.

— É impressionante como Vinicius gosta da senhora, dona Márcia — dizia Matilde. — Acredito mesmo que se não fossem suas visitas costumeiras, todo o amor que dedica a ele, já estaria adoentado.

Márcia respondia emocionada:

— Sabe, Matilde, eu amo essa criança como se fosse meu próprio filho.

— Dá para perceber isso, dona Márcia, e ele também sente que é amado.

* * *

Solange estava enfraquecida, e seu estado de saúde piorava progressivamente. Raul desdobrava-se em cuidados, mas a vontade do Criador parecia contrariar a dele, e ele sabia que seria efetivada a vontade do Pai.

Certa manhã, ao chegar a seu quarto para a visita diária, encontrou-a mais agitada e nervosa do que de costume. Preocupado, perguntou:

— Diga-me o que está sentindo, Solange, qual a razão dessa agitação?

Seus olhos expressavam a dor que lhe ia na alma.

— Raul, sei que estou próximo do fim e preciso muito lhe falar, ou melhor, a você e a Márcia; poderia chamá-la? Mas não demorem, minhas forças estão se acabando.

— Farei isso imediatamente.

Decorrido pouco tempo, Raul voltou acompanhado de Márcia, que estava em sua sala no hospital. Ambos se aproximaram dela e aguardaram, respeitando seu momento. Raul percebia a dificuldade com que Solange respirava, colocou novamente o oxigênio, o que lhe proporcionou alívio.

— Amigos — disse ela —, pressinto estar chegando ao fim, não se preocupem comigo, estou tranquila e aceitando a vontade de Deus. Quero agradecer-lhes por tudo o que fizeram por mim, toda a ajuda que me deram, física e espiritual e, antes que me vá, quero pedir-lhe perdão, Raul, pela minha insensatez de outrora, por minha incompreensão e, principalmente, pelas palavras absurdas com as quais me referi a este hospital, que hoje me acolhe. Márcia, cuide bem de Raul, vocês se merecem; são nobres e dignos.

Emocionado, Raul respondeu:

— Solange, não se culpe tanto, você era muito nova, filha única, sempre teve tudo a seus pés; agiu sem conhecimento de outra realidade da vida; o que conta agora é sua nova maneira de pensar, de agir, é seu arrependimento. Não precisa me pedir perdão, fale com Jesus. Somente Ele conhece o íntimo de cada um de nós e poderá, dentro da Sua justiça, analisar nossos atos.

— Sinto necessidade sim, Raul, de lhe pedir perdão; é verdade que meus queridos pais colocaram o mundo a meus pés, mas eu devia saber trazê-lo até meu coração e, no entanto, deixei-o onde me iludia: a meus pés. Sempre agi de acordo com minha excessiva vaidade; ostentava arrogância, sem perceber que, como todas as outras criaturas, também poderia errar, enganar-me e cometer os atos imprudentes que tanto criticava nos outros. A vida me deu a resposta que eu merecia; precisei da enfermidade para me enxergar como era de verdade.

Márcia sentia compaixão por aquela amiga que viveu distraída e quase nada aprendera da importância e do real significado da vida antes da sua doença. Com grande ternura disse:

— Querida amiga, quando não cultivamos a espiritualidade dentro do nosso ser, nem sempre temos controle sobre nossas ações e não raro caímos na insensatez. Você não pode se esquecer da importância do que aprendeu nesses últimos tempos, o amor que desenvolveu em seu coração; amor filial, amor maternal e por que não, amor e respeito pelo próximo, ou você pensa que não sabemos o quanto tem ajudado este hospital com suas doações?

Solange ficou surpresa.

— Quem lhe disse isso, Márcia?

— Não importa quem me disse, Solange, o que na verdade importa é o sentimento de solidariedade que aflorou em seu coração, sentimento esse que muito ajudou o hospital a sair de situações de preocupação.

Raul completou:

— Como pode perceber, Solange, todas as nossas atitudes são analisadas, boas ou más, e cada uma delas terá o seu peso, tudo está nas mãos do nosso Divino Amigo; portanto, deixe a decisão para Ele.

Solange pensou e respondeu:

— É, muitas vezes, a dor é uma sábia companheira para abaixar nossa cabeça, nossa prepotência, quando não conseguimos fazê-lo do alto da nossa felicidade.

— Solange, descanse um pouco, você está muito agitada e isso não é bom.

— É verdade, preciso mesmo descansar, mas antes quero fazer-lhes um pedido, talvez o último.

— Fale, Solange, estamos ouvindo-a.

Solange respirou profundamente e disse:

— Assim que eu me for, vocês serão procurados pelo dr. Maurício Andrade de Alcântara, meu advogado. Por favor, ouçam com atenção o que ele tem a lhes dizer e, por caridade, realizem meu último desejo sem questionamentos, tudo saiu do fundo do meu coração, onde guardo os melhores sentimentos; só assim poderei encontrar a paz.

— Fique em paz desde já. Se depender de nós, realizaremos seu pedido com satisfação e profunda alegria por sabermos que estamos contribuindo para sua felicidade no reino de Deus. Agora, quero que descanse, vou aplicar-lhe uma injeção que vai dar-lhe um pouco de sono e deixá-la relaxada. Mais tarde voltaremos para vê-la.

— Obrigada, Raul... Obrigada, Márcia, que Deus os abençoe sempre para que o sol brilhe para vocês todos os dias do ano, todos os anos da vida de vocês.

Emocionados, Raul e Márcia saíram, deixando Solange entregue ao sono reparador.

Passaram-se sete dias.

Solange piorava a cada instante e, em uma tarde serena de outono desencarnou, tendo ao seu lado os amigos queridos.

Ao completar o prazo de lei do passamento de Solange, Raul e Márcia foram procurados pelo dr. Maurício.

Aparentando sessenta anos, simpático, cordial, apresentou-se como o portador do último desejo de Solange.

Após conversarem a respeito do que acontecera com Solange, o advogado retirou de sua pasta alguns papéis.

– Doutor Raul, dona Solange deixou neste testamento, devidamente registrado com cinco testemunhas, tudo absolutamente dentro da lei e, portanto, inquestionável, sua última vontade. Gostaria que prestassem muita atenção.

Meu filho Vinicius Alves Penteado é meu herdeiro legítimo, ficando com 60% de todos os meus bens, dos quais tomará posse ao completar vinte e um anos.

Peço ao dr. Raul Gonçalves de Lima e sua esposa, Márcia Dias Gonçalves de Lima, que adotem Vinicius, tomando assim o lugar de pais de meu filho.

Conhecendo os valores morais e espirituais desses amigos queridos e, confiando no amor que sentem por ele, entrego meu amado filho para que o eduquem com a moral cristã que possuem e com a qual sempre viveram.

Para ajudá-los na educação de Vinicius quero que recebam os 40% restantes do meu patrimônio, podendo usá-los da maneira que lhes aprouver, se a adoção se realizar.

Peço aos queridos amigos que não se esqueçam de amparar minha querida e fiel amiga Matilde, para a qual deixo uma quantia em dinheiro que está na terceira gaveta à esquerda do meu armário, dentro de uma caixa verde.

De onde eu estiver pedirei por vocês, e a minha gratidão vai acompanhá-los pela eternidade.
Obrigada por tudo!
Que Jesus os abençoe!

Solange Alves Penteado[15].

Atônitos, Raul e Márcia não conseguiam fazer um só comentário, dizer uma só palavra.

Márcia foi a primeira a se pronunciar:

— Agora entendo por que ela fazia questão de aproximar Vinicius de mim!

— É verdade — disse Raul — pobre amiga, como deve ter sofrido ao pressentir seu fim.

— Raul... nosso filho... o filho que sabemos não poder ter, chega até nós vindo de outro útero para que posamos transformá-lo no amado filho do coração.

— Não lhe disse, Márcia? Deus sabe o momento certo de intervir.

Abraçaram-se emocionados.

— Doutor, aceitamos com alegria adotar Vinicius, amamos esse menino há muito tempo e gostávamos muito de sua mãe e seus avós; fazê-lo nosso filho só vai nos trazer felicidade.

— Em momento algum duvidei disso — disse dr. Maurício. — Dona Solange sabia muito bem para quem entregar seu filho.

— Gostaria apenas de fazer uma observação — disse Raul.

— Pode falar.

---

15. Todos os nomes são fictícios, se houver alguma semelhança com a realidade é mera coincidência (N.M.).

— Não podemos aceitar dinheiro para criar nosso filho; o que ganhamos, Márcia e eu, é suficiente para vivermos bem e darmos excelente educação para Vinicius até que ele assuma sua herança.

— O que pretendem fazer?

— Gostaria que os 40% fossem destinados ao hospital para que suas instalações fossem ampliadas e atendessem um maior número de pacientes, com melhor aparelhagem, conforto e dignidade; podendo também uma parte ser investida no atendimento psicológico e afetivo, a fim de levar mais alegria para aqueles corações partidos.

O advogado admirou a atitude de Raul.

— Muito nobre de sua parte, dr. Raul. Dona Solange não se enganou com vocês, como ela disse, são dignos e nobres.

— Poderá providenciar essa doação?

— Com certeza, assim que estiver tudo pronto virei procurá-los.

Ansiosa, Márcia perguntou:

— E Vinicius, quando poderemos buscá-lo?

— Devemos nos encontrar amanhã, às catorze horas, na Vara da Infância e Juventude, onde o Juiz de Direito decidirá o caso.

— Ótimo, levaremos Matilde para morar conosco, ela é muito apegada ao menino e vai nos ajudar na criação do nosso filho — disse Márcia.

— Excelente decisão! — exclamou o advogado.

— Apenas mais uma pergunta — disse Raul.

— Por favor, fique à vontade.

— Quanto à casa de Solange, o que vai ser feito?

— Será vendida, e o montante colocado no Banco em nome de Vinicius.

— Perfeito! — exclamou Raul.

— Se tudo está devidamente esclarecido, já vou indo.
— Tudo está bem esclarecido — disse Raul.
— Então, até amanhã dr. Raul... meus respeitos, senhora.
— Até amanhã, dr. Maurício.

Assim que o advogado se retirou, Raul e Márcia se abraçaram e, chorando de alegria, deixaram as suas emoções fluírem de maneira pura e natural.

— Querida, Solange, na sua partida, legou-nos o maior tesouro, nosso filho; que Jesus a recompense por esse gesto de altruísmo.

— Vou ser mãe, Raul... mãe! Serei eternamente grata a Solange. Ouvir uma doce voz chamar-me de mamãe; meu Deus, não precisei procurá-lo, ele veio para mim, para nós!

— Você tem razão, também me sinto muito emocionado e feliz. Meu bem, como Deus foi bom conosco, usou Solange para nos presentear com a felicidade completa, realizando nosso sonho de paternidade com um pequeno ser que amamos e que também nos ama.

— Solange foi generosa conosco, deu-nos seu maior tesouro.

— É, não importa a crença que temos, a religião que professamos, quando o amor se infiltra de verdade em nosso coração, ele nos transforma em seres maiores e melhores, foi o que aconteceu com Solange. Que ela receba a recompensa no reino de Deus.

— Tenho certeza disso, Raul. Jesus, por intermédio dela, acrescentou à nossa vida mais um motivo para sermos felizes... nosso filho!

"*É importante entender que poderemos reconquistar a felicidade ou a amizade perdida quando somos sensíveis ao* arrependimento sincero de outras pessoas e deixamos de valorizar tanto o nosso orgulho e a nossa vaidade[16]."

A nossa felicidade sempre é proporcional ao bem que fazemos aos outros.

---

16. Irmão Ivo. A essência da alma. São Paulo: Lúmen Editorial, 2006.

Semeando felicidade

Vários anos se passaram.

Vinicius crescera saudável e se tornara um homem de bem, herdando de seus pais adotivos a mesma generosidade e interesse pelo semelhante. Raul e Márcia jamais se esqueceram de Solange, que lhes proporcionou a felicidade de terem Vinicius em sua vida.

Ambos, já com as marcas da vivência em seu rosto, continuavam o trabalho iniciado na juventude; amparando, socorrendo e atendendo com alegria e compreensão os irmãos sofredores. Se na profissão gozavam do sucesso proveniente da dedicação com que sempre a exerceram, na vida particular o sucesso não era menor.

Ele e Márcia, após terem adotado Vinicius, que como o pai exercia a medicina na área da ginecologia, amparavam mais quatro órfãos, tendo assim sob a responsabilidade de ambos cinco filhos do coração.

Viviam semeando felicidade por onde passavam. Alegria contagiante, generosidade além de si mesmos, colocavam o bem-estar do próximo acima de seus próprios desejos.

Eram estimados e admirados por quantos o conhecessem.

O pequeno hospital de outrora, era hoje majestoso e imponente, graças aos recursos deixados por Solange. Raul tornara-se diretor do hospital e abrigava a quantos o procurassem, sem distinção de raça, cor ou credo. O que na verdade importava era acolher os enfermos com dignidade, proporcionando-lhes alívio físico e emocional. Márcia acompanhava o marido nesta jornada, administrava a parte da psicologia e, juntos, sempre no mesmo ideal de pensamento, enfeitavam suas paredes brancas com a energia do amor e da solidariedade.

Vinicius, assim que se formara, começara a trabalhar ao lado do pai com a mesma determinação, bondade e paciência que aprendera desde tenra idade, sendo, como seu pai, estimado por todos.

Não se envaidecera com a fortuna que herdara de sua mãe; ao contrário, a cada dia mais se parecia com Raul, compartilhando, dividindo e amando seus semelhantes, assim como a seus irmãos, que considerava legítimos, pois, como ele, eram filhos de corações generosos.

Dos outros quatro filhos adotados pelo casal, André, o mais novinho, tinha vários problemas de saúde. Era propenso a infecções, inflamações e sofria de crises de angústia. Apegara-se em demasia a Vinicius, que o tratava como a um filho.

Todos se espantavam ao observar a grande afinidade existente entre os dois; nem que fossem irmãos de sangue seriam tão apegados. Seus próprios pais também se admiravam por essa união, o que os deixava contentes porque sabiam que Vinicius era ótima influência para André que, a cada dia, na inocência de seus poucos anos, mais amava o irmão e desejava sua atenção.

Os outros filhos, Janice, Maria das Graças e Olavo eram órfãos de pais vítimas da aids. André havia sido encontrado na porta da casa de Raul, abandonado pela mãe, que nunca mais aparecera, deixando apenas um bilhete com o nome dele e pedindo que o acolhessem como se fosse um filho. Assim Raul e Márcia fizeram e amavam-no como se fosse um filho de sangue. Havia tempo, tinham descoberto que todos seremos muito felizes sempre que nos deixarmos guiar pela caridade, pois a belos lugares ela sempre poderá nos levar.

Em suas conversas com seus pacientes, ouvindo as lamentações, as inconformações de muitos, que culpavam a vida pela cruel sorte, Vinicius dizia:

– Todo sofrimento é consequência dos nossos desatinos, da irresponsabilidade com nosso corpo e das agressões à nossa alma. Temos cicatrizes de um passado doloroso, causadas pelos nossos erros e outras que foram as mãos de Deus que nos seguraram com força para não cairmos nas garras do mal; se alguma vez a nossa alma doeu foi porque Deus nos segurou bem forte para não afundarmos na nossa própria inconsequência e leviandade. Essas marcas são frutos do amor infinito do Criador por suas criaturas.

Raul, sem deixar nenhum dia de ir ao hospital, que tanto amava e no qual depositara sua juventude, seus conhecimentos e, antes de tudo, o seu amor pelo semelhante, a cada dia mais responsabilidade transferia para as mãos de Vinicius, que acreditava ser realmente seu sucessor no trabalho que sempre exercera com alegria e fraternidade. Vinicius correspondia à expectativa de seu pai, sendo disciplinado e responsável, o que dava a Raul tranquilidade por saber que todo o seu esforço teria continuidade e não se perderia.

Seus cabelos, quase totalmente brancos, e as rugas da vivência davam o primeiro sinal de cansaço naquele corpo que até então servia aos enfermos vítimas da aids, cumprindo fielmente o ensinamento de Jesus, tão bem traduzido por Kardec: "Fora da caridade não há salvação".

Judite havia retornado à pátria espiritual havia quatro anos; desencarnara grata a Márcia pela felicidade que proporcionara a seu filho amado e por todo o amor que dedicava aos filhos do coração, gesto que presenciara no decorrer dos anos.

A saudade de sua mãe machucava o coração de Raul, porém, ele sabia que em algum lugar no reino de Deus ela estaria, pois sempre vivera de acordo com as Leis Divinas.

Sentado na varanda de sua casa, ao ver Vinicius se aproximar, disse:

— Vinicius, estou pensando em ir, no próximo domingo, até a periferia da cidade visitar as famílias que ali residem, não só as dos internos, mas as famílias em geral, pois temo que estejam passando necessidade. Penso em levar-lhes alimentos e alguns remédios básicos. Há muitas crianças que vivem ali sem a menor condição. O que você acha?

— Excelente ideia, pai, posso acompanhá-lo?

— Claro, ia justamente perguntar-lhe se não queria ir comigo; sua mãe não poderá se ausentar, a saúde de André inspira cuidados.

— É verdade, não é prudente deixá-lo só com as crianças, são todos muito jovens ainda, não se dão conta da gravidade das coisas, para eles tudo é festa.

Raul sorriu.

— Combinado, então?

— Combinado, pai; vou fazer algumas compras para levarmos, enquanto isso, descanse mais um pouco, tenho observado que o senhor anda muito abatido, parece-me cansado.

— Vou até o hospital e não me demoro, tenho assuntos pendentes a tratar.

— Por favor, pai, dê ao seu corpo a chance de repousar. Às vezes penso que o senhor passa dos limites.

— Fique tranquilo, meu filho, estou bem.

— Então já vou – disse Vinicius.

Raul realmente se sentia um pouco cansado, afastou-se com passos lentos, como se seu corpo se negasse a acompanhá-lo. Havia dois dias sentia um leve mal-estar, o que atribuía ao excesso de trabalho.

"Vinicius tem razão, preciso descansar um pouco, devo estar me excedendo. Vou combinar com Márcia e tirar uma semana de licença para relaxar um pouco. Devo dar mais atenção aos anos que estão chegando."

Conforme combinado, no domingo, Raul e Vinicius, acompanhados de perto por Márcia e as crianças, que se divertiam ajudando, enchiam o porta-malas de roupas, alimentos, brinquedos e remédios para que tudo fosse levado aos necessitados.

A alegria sentida por estas almas cristãs era imensa. Colocavam tudo com cuidado para nada quebrar, agiam de acordo com os ensinamentos e exemplos que seus pais sempre lhes ensinaram. Sabiam, desde pequenos, que tudo o que se oferta aos menos favorecidos deve ser feito com carinho e respeito, porque cada item contém a esperança de muitos corações entristecidos.

Depois de tudo arrumado, pai e filho seguiram em direção aos bairros mais pobres e distantes da cidade, a fim de levar a felicidade por meio dos alimentos que matariam a fome de tantos irmãos, bem como os remédios a curar-lhes o corpo enfermo.

A recepção foi festiva; viam-se expectativa e ansiedade nos olhos sem brilho daqueles que a sociedade havia excluído. A esperança voltava a cada presente que recebiam. Era a cascata de água cristalina que lavava a alma e o corpo daqueles que viviam em condições quase subumanas. Atendiam a todos com verdadeira fraternidade, demonstrando em cada aperto de mão, em cada abraço, que todos eram iguais perante nosso Criador. Raul e Vinicius sabiam que o grande privilégio era poder fazer a diferença na vida de nossos irmãos, com o nosso trabalho, com a nossa vida, pois o segredo da verdadeira felicidade não é apenas ganhar dinheiro, que a maioria acaba perdendo de uma forma ou de outra. O segredo, a mágica da vida, é fazer a diferença na vida de nosso semelhante.

Em meio a tanta alegria, Raul sentiu-se mal e, antes que Vinicius pudesse fazer qualquer coisa, desencarnou, vítima de um enfarto fulminante do miocárdio.

Todos pararam estupefatos.

Deus chamara o benfeitor, aquele que colocara seu próximo acima de qualquer desejo; levara-o quando praticava o que exercitara por toda a sua vida: a caridade, plena e autêntica; aquela que não humilha, ao contrário, eleva aquele que a recebe. Raul saiu do cenário físico, deixando o exemplo da solidariedade e do amor verdadeiramente exercitados, como tão bem Jesus demonstrou, e entrou vitorioso no cenário espiritual.

Todos se calaram e reverenciaram aquele corpo que, agora inerte, fora o mais ativo, o mais amigo, e que soubera realmente amar Jesus por meio do amor ao próximo.

"*Ainda quando eu tivesse a linguagem dos anjos; ainda que tivesse o dom da profecia, penetrasse todos os mistérios; ainda que tivesse tanta fé a ponto de remover montanhas, se não tiver caridade, nada sou. Entre estas três virtudes: fé, esperança e caridade, a mais excelsa é a caridade. São Paulo coloca, assim, sem equívoco, a caridade acima da própria fé. Porque a caridade está ao alcance de todos, do ignorante e do sábio, do rico e do pobre; e porque independe de toda crença particular.*
E fez mais; define a verdadeira caridade; mostra-a, não somente na beneficência, mas no conjunto de todas as qualidades do coração, na bondade e na benevolência para com o próximo[17].

Márcia recebeu o corpo de Raul com a dor penetrando no mais íntimo do seu ser; as lágrimas que molhavam suas faces davam testemunho da imensa dor que lhe ia na alma. Olhava aquele corpo e suas mãos o acariciavam como se quisesse devolver-lhe a vida, trazê-lo de volta para junto de si. Tudo lhe parecia como num sonho ruim, tinha a esperança de que a qualquer momento ela despertaria e tudo seria como antes. Era difícil acreditar que Raul, seu amado, o homem com quem construíra sua vida, estava indo embora e levando com ele parte da sua própria existência.

Encostou seu rosto em Raul e, sentindo a frigidez de sua pele, orou como numa despedida:

" *– Senhor, Pai de misericórdia, entrego-lhe meu coração, Marcado pelo sofrimento e pela angústia e Vos imploro Tranquilizai-o, acalmai-o com Vosso amor e Vossa bênção.*

---

17. *O Evangelho Segundo o Espiritismo.* Cap. XV. Item 7. São Paulo: Opus. p. 611.

*Permiti que minha prece flua pura e resignada e a fazei
Chegar até Vós.
Sofro, Senhor, talvez a dor mais profunda que posso aguentar,
Mas não quero me perder no desespero,
Não quero que minha fé esmoreça para não perder a força
Que me impulsiona para Vós, porque só Vós, Senhor,
Fazeis-me compreender... E aceitar que a separação é provisória
E que um dia voltaremos a nos reunir, unidos no amor
E na fé em Vós, Senhor, que sois todo poder e bondade.
Assim seja!".*

– Vá em paz, meu amor, que Jesus o receba em seu reino, sei que quando nosso corpo acaba nossa alma ressurge, e a sua ostenta o brilho do bem e do amor. Vou amá-lo para sempre!

O corpo de Raul foi levado em meio ao sofrimento de Márcia, de seus filhos, amigos e pacientes que quiseram dar um último adeus ao amigo.

Retornava como um vitorioso, cumprira sua missão na Terra e, agora, era chegada a hora de as sementes frutificarem.

A vida continua

Como não poderia ser diferente, a vida continuou seguindo seu curso natural.

Os dias para Márcia se arrastavam, lentos e sofridos. A saudade machucava seu coração generoso e o bálsamo para sua angústia encontrava no sorriso e nos afagos de seus filhos. A casa parecia-lhe que crescera de tamanho, tal era o vazio que sentia. Muitas vezes, caminhava por entre os cômodos, principalmente no quarto onde vivera momentos de plena felicidade com Raul, e entregava-se à lembrança dos dias ditosos e cheios de amor que passara ao lado do marido que tanto amava.

Nessas horas, agradecia ao Pai toda a ventura que vivera e suplicava auxílio e força para dar continuidade ao trabalho que Raul se dedicara por toda a sua vida.

– Nada vai mudar, meu amor, tudo será como sempre foi, do mesmo jeito, com a mesma dedicação e amor que você tão bem nos ensinou. Os internos do hospital e aqueles que chegarem em busca de alívio e compreensão vão sentir sua presença por meio de Vinicius e de mim, porque somos e seremos sempre discípulos da sua grande generosidade.

A saudade marcava sua presença nas lágrimas sentidas de Márcia.

— Mãe, a senhora é uma pessoa forte, corajosa, tem fibra e determinação, vai superar esses primeiros momentos sem papai com valentia — disse Vinicius, abraçando-a.

Retribuindo ao abraço, os olhos tristes de Márcia deixaram transparecer o que na verdade lhe ia na alma.

— Você tem razão, Vinicius, todo vendaval um dia passa, e o Sol volta a brilhar aquecendo nossa alma; comigo não será diferente. Sou muito grata a Jesus por ter você ao meu lado, apoiando-me e dando continuidade ao trabalho de seu pai, que era, sem dúvida, uma das coisas mais importantes em sua vida. Preciso apenas de um pouco de tempo para aprender a sentir a presença de Raul de maneira diferente, mas, creia, não alimento nenhum sentimento de revolta, inconformação ou coisa desse gênero, é apenas a saudade que fere o meu coração, mas creio em Deus que tudo voltará a ser como antes, se não com a mesma felicidade, mas com a mesma fé, determinação e certeza de que o caminho que nos leva ao Criador é o do amor ao próximo. Nenhuma noite, por mais nebulosa ou trágica que seja, impediu o dia de nascer e o amanhecer sempre nos traz a chance de recomeçar, aquecidos pelo amor de Deus. É o que nós vamos fazer, meu filho. Junto com seus irmãos, vamos prosseguir mostrando ao seu pai que aprendemos tudo o que ele nos ensinou e que faremos o que ele, com certeza, gostaria que fizéssemos.

— Gosto de ouvi-la falar assim, mãe! — exclamou Vinicius.

— Seus irmãos ainda são muito jovens, precisam de mim e de você. André, principalmente, é tão frágil, tão apegado a você, sempre com problemas de saúde!

— Ele vai ficar bom, tenho certeza de que um dia ele vai melhorar.

— Que Deus o ouça, meu filho.

Ao ver Vinicius se afastar, Márcia lembrou-se de Solange e pensou:

"Que Deus a abençoe, minha amiga, por todo o bem que nos fez dando-nos seu filho, que sempre foi para nós a própria felicidade, e hoje mais do que nunca preciso de sua companhia; a vida nos dá mostras de que somos mais frágeis do que realmente pensamos, que nem sempre tomamos as atitudes que achamos que tomaríamos em determinadas situações. Sei que não devo me amedrontar diante da minha nova realidade, que é caminhar sem meu amor ao meu lado; sei também que o trabalho solidário dignifica e sustenta a esperança que nunca devemos perder, porque quando nos entregamos sem restrições à prática do bem e da caridade proporcionamos a nós mesmos a paz e a felicidade que esperamos".

Enxugando discretas lágrimas que sempre apareciam quando seu pensamento voltava-se para Raul, Márcia, com coragem, entregou-se às suas obrigações diárias.

* * *

Na espiritualidade, Raul despertou.

Sentiu um bem-estar que só os justos podem sentir quando se desembaraçam do corpo físico.

Olhou à sua volta e, de imediato, compreendeu o que lhe acontecera: voltara à pátria espiritual. Percorreu com os olhos o lugar em que estava; percebeu a maciez das cobertas alvas e cheirosas. Pela pequena janela aberta, sentiu o perfume das flores do imenso jardim que se espalhava pela colônia na qual estava.

Seu pensamento procurou Jesus e Lhe agradeceu com singela prece. Colocou-se à disposição do querido Mestre e pediu-Lhe amparo e guarida. Em seguida, lembrou-se de Márcia e de seus filhos. A esse pensamento, experimentou novamente a dor no peito que o enviou para a espiritualidade.

Sem saber como agir para retomar o bem-estar, Raul pediu ajuda apertando um pequeno botão que reparara estar logo acima de sua cama, imaginando ser como nos hospitais da Terra, e não se enganou. Logo em seguida, entrou Madre Teresa. Espírito de luz, amoroso e alegre, exalava perfume e paz por onde passava.

"Nada tem de penosa a perturbação que se segue à morte para o homem de bem: é calma e em tudo idêntica à que acompanha um despertar tranquilo. É cheia de ansiedade e de angústia para aquele cuja consciência não está pura[18]*".*

Madre Teresa aproximou-se de Raul e, docemente, perguntou:

– O que aconteceu, meu filho, que o deixou neste estado agitado e doloroso?

– Não sei, estava me sentindo muito bem; ao me lembrar da minha esposa e dos meus filhos que ficaram na Terra, senti uma saudade muito grande e um enorme desejo de vê-los. Em seguida, veio a cena da minha morte e a dor voltou.

---

18. Kardec, Allan. *O Livro dos Espíritos*. Segunda Parte. Capítulo III. Item III, questão 165. São Paulo Opus. p. 83.

Com a calma e o carinho que lhe eram peculiares, Madre Teresa respondeu:

– Filho, como você pode perceber, a morte não existe, é uma ilusão dos encarnados; seu corpo ficou na Terra, mas seu espírito, seu corpo astral, está aqui, vivo, pensando e sentindo. Você chegou há poucos dias e é natural que isso aconteça, pois sua ligação com o mundo físico ainda não se desfez totalmente. Seu sentimento em relação aos que ficaram, a saudade intensa, ainda se fundem com os mesmos sentimentos e a mesma saudade que seus afetos enviam da Terra, pois ambos os lados nutrem o mesmo desejo, voltar a se encontrar. A situação que o trouxe até aqui, o momento da separação, podem ressurgir em você, causando-lhe a mesma sensação. Mas isso passa, procure não se lembrar; o tempo, a sua vontade, a fé e a conformação, sua e dos que ficaram, vão ajudá-lo nesses primeiros tempos.

– Há quanto tempo estou aqui?

– Vinte dias!

Raul se surpreendeu.

– Vinte dias! – exclamou. – E só agora me dou conta do que aconteceu?

– Raul, você chegou vitorioso e foi recebido com muita alegria por todos. Nossos Maiores acharam por bem deixá-lo dormindo para que não sofresse pelas lágrimas que derramavam na Terra, o que poderia desequilibrá-lo. A um pensamento seu, você voltou a sentir a dor e se agitou. Nesse tempo em que permaneceu adormecido recebendo passes magnéticos, ficou mais fortalecido. Você possui muitos créditos, Raul, fez por merecer a bênção de Jesus e o amparo de Seus tarefeiros.

Após alguns segundos de silêncio, Raul perguntou:

— Como estão Márcia, meus filhos, estão todos bem, conformados?

— Raul, sua companheira é uma alma nobre e fervorosa. Está sofrendo muito, sim, mas entende a vontade do Senhor e a aceita. Suas lágrimas são justas e adequadas ao seu sofrimento, sem revolta ou desespero; as orações que ela envia a você o ajudaram muito. Não se preocupe com eles, pois estão amparados pelo amor e pela fé.

Madre Teresa percebeu uma sombra de tristeza no olhar de Raul.

— O que foi, meu irmão?

— Meus filhos são ainda muito jovens!

— Mas tanto eles quanto Márcia estão amparados pelo amor de Jesus, e Márcia, apoiada por Vinicius, saberá guiá-los na vida terrena. Fique tranquilo e confie no Mestre Jesus.

Raul respondeu em paz:

— Confio e agradeço o Seu amparo!

— Raul, você viveu na Terra o Evangelho em toda sua plenitude, foi generoso e bom. É justo que, agora, colha os frutos das boas sementes que plantou.

— Obrigado, Madre Teresa, quero recuperar-me logo, conseguir um trabalho, sentir-me útil.

Madre Teresa sorriu.

— Calma, Raul, nada de pressa, tudo na espiritualidade segue seu curso. Sobre sua nova vida e para estar apto ao trabalho, é preciso paciência.

* * *

O tempo passou!

Raul descobrira as belezas da vida espiritual e se alegrava a cada momento por suas conquistas no reino de Deus.

Tomara conhecimento de que sua família na Terra estava bem; todos cumprindo com valentia suas obrigações e prosseguindo na estrada do bem, guiados e orientados por Márcia e Vinicius. Apenas André não conseguia gozar de boa saúde, o que trazia preocupação e aflição ao coração de Márcia.

Sabia que o hospital seguia com seu atendimento cada vez melhor, dando dignidade e suporte a quantos dele precisassem. Vinicius e Márcia haviam colocado o dr. Jarbas como responsável pela infectologia, ocupando o cargo que pertencera a Raul, e, assim como este, comportava-se com o mesmo cuidado e dedicação com os pacientes.

Tudo voltara ao seu lugar para a alegria de Márcia e Vinicius, que faziam questão de seguir os passos de Raul.

A saudade não deixara de existir no coração de todos, e Raul era sempre lembrado por quantos o conheceram por seus ensinamentos, por seu amor pelos doentes; enfim, faziam questão de viver à sombra do seu exemplo.

Raul solicitara permissão para visitar seus familiares e, quando a resposta afirmativa chegou, sentiu a agradável sensação de felicidade por rever seus entes queridos.

Madre Teresa o acompanhou.

Chegando à pequena cidade onde passara toda a sua existência terrena e que conhecia tão bem, não pôde deixar de notar quantas coisas haviam mudado; apenas sua casa conservava-se exatamente como sempre fora: a grande varanda coberta de plantas; as cadeiras brancas, onde ele e Márcia gostavam de se sentar para conversarem e relaxarem das horas difíceis que passavam no hospital; a pequena casinha dependurada, onde os beija-flores iam beber a água adocicada cuidadosamente colocada por Márcia diariamente.

A emoção que sentia era indescritível.

Encontrou Márcia sentada na sua cadeira de balanço, consertando algumas roupas de Janice, e imediatamente lembrou-se do que lhe dissera por ocasião do casamento:

"Quero ter o prazer de vê-la bem velhinha, sentadinha em uma cadeira de balanço, fazendo bonecas de pano para nossas bisnetas".

– Querida, não são para nossas bisnetas, mas para nossa filha do coração, e eu a vejo com os mesmos olhos de amor.

Madre Teresa, percebendo a emoção de Raul, disse:

– Raul, controle-se para não se desequilibrar, caso isso aconteça teremos de voltar. O que você não pôde ver *com os olhos da matéria*, Jesus permitiu que visse *com os olhos do espírito*.

Raul elevou o pensamento ao Alto e pediu auxílio. Aproximou-se de cada um de seus filhos e beijou-os com carinho; chegando bem perto de Márcia, acariciou levemente seus cabelos, quase totalmente brancos, e, num gesto de profundo amor, beijou-os com delicadeza.

– Não a esqueci, meu amor; vou amá-la pela eternidade.

Márcia sentiu um leve tremor e a lembrança de Raul veio veloz à sua mente, enchendo seu coração de saudade.

– Raul, meu amor, quanta saudade sinto de você; um dia Deus permitirá o nosso reencontro, até lá seja feliz; construa sua evolução ao lado dos bons espíritos; continue a exercitar o amor que tão bem ensinou a todos. Que Jesus o abençoe.

Emocionado, Raul respondeu:

– Que você também seja muito feliz e abençoada por Deus, doce querida. Um dia nos encontraremos novamente e, lado a lado, continuaremos nosso trabalho com os necessitados encarnados ou desencarnados, sob as bênçãos de Jesus.

Afastou-se de Márcia e perguntou a Madre Teresa:

— Poderia rever o hospital?

— Sim, mas sem demora, é muita emoção para você. Vamos! – exclamou Madre Teresa.

— Vamos – respondeu Raul, seguindo-a.

A emoção novamente tomou conta de Raul ao ver o hospital em que, por tantos anos, exercera sua profissão. Tudo continuava em ordem, e todos trabalhavam com agilidade e respeito com aqueles que jaziam em seus leitos. Recebendo autorização, percorreu seus corredores entrando em alguns quartos, os mesmos em que por anos entrara e dos quais saíra várias vezes.

Em um dos leitos viu uma paciente desconhecida.

Uma jovem de dezoito anos aproximadamente, que chorava desesperada. Por mais que sua mãe tentasse, não conseguia fazê-la parar e prestar atenção às palavras do dr. Jarbas.

Raul olhou para Madre Teresa interrogando o que poderia fazer para acalmá-la, no que foi imediatamente instruído.

— Raul, o que podemos fazer é ministrar-lhe energia salutar, equilibrando-a, e orar ao Pai auxílio para essa irmãzinha que imprudentemente caiu nas garras das drogas.

Aproximaram-se de Gisele e, elevando o pensamento ao Alto, oraram, emitindo energia de equilíbrio e paz, confiando no auxílio divino, que certamente viria e não se fez demorar.

Gisele, aos poucos, foi se acalmando e se entregou ao sono reparador. Assim que se viu fora do corpo, percebeu a presença de Raul e Madre Teresa que, com sua experiência e elevação espiritual, chamou-a carinhosamente.

– Querida irmãzinha, venha até nós que trazemos para você as bênçãos do Senhor.

– Quem são vocês? – perguntou Gisele.

– Somos tarefeiros de Jesus e estamos aqui para ajudá-la neste momento difícil.

– O que podem fazer por mim, que já estou no leito da morte?

– Podemos fazer o que nos foi permitido por Jesus, ou seja, lembrá-la de que ninguém morre, todos nós um dia voltamos para nossa pátria de origem, e, esse dia, somente o Criador poderá decidir qual será. Você pensa que está no fim de sua existência, mas não é verdade, seu caminho ainda não chegou ao fim, e é preciso passar por todas as etapas de aprendizado e crescimento espiritual. Você errou e a vida está lhe mostrando isso, mas ainda é tempo de se renovar e retomar as rédeas de sua vida com mais sabedoria e prudência, aproximar-se de Jesus e aprender a distinguir a verdade do Cristo do brilho efêmero da matéria.

– Estou com aids e vou morrer!

– Não, Gisele, você não está com aids, e, como já lhe disse, não vai morrer agora, mas isso foi permitido dizer-lhe para que se conscientize dos seus erros e recupere sua saúde por meio dos bons hábitos, da alimentação saudável, longe dos vícios; limpe seu coração de todo o mal que você mesma atraiu para si e, principalmente, lembre-se de convidar Jesus para visitar seu coração. Esta é a sua salvação, este é o caminho, percorra-o com dignidade cristã.

– Vejo meu corpo dormindo e não entendo o que está acontecendo; não sei se morri ou não!

– Seu corpo está adormecido e esperando sua volta; ao acordar vai se sentir mais calma, ouvirá o que o doutor tem a lhe dizer e ficará mais fortalecida para enfrentar seus dias futuros. Minhas palavras ficarão latentes em você e, no momento apropriado, virão à tona, como se fossem uma intuição e vão lhe dar a força necessária para prosseguir.

– O que faço?

– Retorne para seu corpo, que Jesus a abençoe para que acorde com serenidade.

Gisele, amparada por Madre Teresa, retornou ao corpo físico e, em poucos minutos, abriu os olhos procurando por sua mãe.

– Mãe!

– Estou aqui, filha, pedia a Deus por você. Vejo que o Senhor me atendeu, pois você acordou mais calma.

– O doutor foi embora?

– Ele voltará, tem algo a lhe dizer. Você está se sentindo melhor?

– Estou sim, mãe, e quero ouvir tudo o que o doutor tem para me dizer.

– Que bom, filha, que você se acalmou; não tem necessidade de se desesperar tanto, é preciso confiar em Jesus, no seu divino amor por todos nós.

– Tenho medo de estar com aids, mãe, tenho muito medo.

– Posso lhe adiantar que o dr. Jarbas disse que o exame deu negativo, você não é soropositiva, o que você tem é uma infecção que será devidamente tratada; mas ele explicará tudo para você, inclusive vai recomendar um tratamento para se desintoxicar das drogas, e, por favor, Gisele, crie juízo e afaste-se desse vício.

– Ajude-me, mãe!

– Vou ajudá-la, mas você precisará fazer sua parte e ter muita força de vontade, porque sem ela nada será possível.

– Eu quero, mãe, quero muito. Jesus vai me ajudar.

Madre Teresa dirigiu-se a Raul dizendo:

– É hora de irmos, outro dia voltaremos.

– Será possível, Madre Teresa, conseguir essa graça novamente?

– Sim, Raul, é possível. O seu esforço, sua dedicação, sua bondade vão ajudá-lo a conseguir permissão para vê-los sempre que desejar.

– E quanto ao hospital, poderei retornar?

– Poderá. Você tem muito a oferecer a esses irmãozinhos que passam pelas provas da vida, dando-lhes coragem por meio da energia de amor que emite com facilidade.

Raul ficou pensativo e Madre Teresa perguntou:

– Alguma coisa o perturba?

– Não, estava pensando que quando estamos na Terra, encarnados, por mais que tentemos, não conseguimos imaginar como é o mundo espiritual; como a vida aqui pulsa em todo o seu esplendor, nesta morada do Pai.

– É verdade, e ainda existem encarnados que duvidam da vida na espiritualidade, acreditando que Deus criaria seus filhos para que eles acabassem junto com a matéria, embaixo de sete palmos de terra, como dizem. Somos seres eternos, Raul, vamos evoluir até alcançarmos a perfeição, não importa os milhões de séculos que vão passar, mas acontecerá porque Deus assim o quer.

– Por que será que pensam assim?

– Porque é mais fácil servir à matéria e gozar as facilidades que ela oferece do que cuidar do espírito, cultivando os sentimentos nobres e aprendendo a repartir. Insensatos, não sabem que vão trazer para cá apenas os tesouros da alma, das boas ações que praticaram.

— Se todos pudessem entender que somente o amor transforma o homem!
— Todos seriam mais felizes, Raul. Bem, é hora de regressarmos à colônia.

Ditosos e agradecidos ao Senhor, voltaram à colônia espiritual.

Raul encontra com Solange

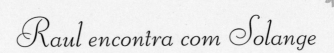

Em um de seus momentos de colóquio com Madre Teresa, Raul perguntou:

— Madre Teresa, faz algum tempo que estou aqui e ainda não encontrei com nenhum dos meus entes queridos que me antecederam, com exceção de meu pai, que tem vindo me ver com regularidade. Gostaria muito de saber de minha mãe e de Solange. Seria possível?

— Com certeza, Raul, é natural que queira saber como estão e encontrar-se com eles.

— A senhora tem essa informação?

— Claro, Raul. Sua mãe está morando em uma colônia distante daqui. Dedica-se a um trabalho com crianças que desencarnam na tenra idade. Por ocasião do seu regresso ela veio esperá-lo, juntamente com nosso irmão Luiz, e recebeu-o nos braços. Logo o adormeceu e, por esse motivo, você não se lembra. Ela virá vê-lo novamente, é necessário aguardar o momento propício.

— Irmão Luiz... Como gostaria de encontrar-me com ele e lhe agradecer pelo amparo recebido enquanto estive na Terra.

— Esse encontro acontecerá breve, muito breve. Tenha um pouco mais de paciência. Aqui, Raul, tudo segue uma programação que tem como objetivo o benefício de todos os envolvidos.

— Eu entendo e aguardo com paciência — respondeu Raul, perguntando em seguida:

— E Solange, está bem?

— Solange trabalha na crosta da Terra com pacientes encarnados que desenvolveram a aids e estão internados no hospital no qual você trabalhou e ela desencarnou. Alivia-lhes a dor e acalma a angústia do coração deles por meio da prece e da energia salutar. Alguns irmãos podem vê-la, por meio da vidência, percorrendo os corredores solitários, levando aos corações sofridos a vibração de amor e fraternidade que os acalma. Como pode observar, Raul, todos têm oportunidade de evolução, alguns aproveitam e, rapidamente, assimilam os ensinamentos do Cristo e entregam-se à prática da caridade, do amor ao próximo; percebendo os enganos cometidos, doam-se ao trabalho edificante; outros, infelizmente, demoram um pouco mais, contudo, todos um dia encontrarão a verdade em si mesmos.

Raul ficou surpreso.

— Mas nós estivemos lá, por que não a encontrei?

— Porque, como já lhe disse, a hora ainda não chegou, mas está próxima; tudo na espiritualidade segue o curso normal e natural, respeitando o tempo de cada um.

— Trabalhar no hospital que foi alvo do seu desprezo tempos atrás pode ser considerado um castigo?

— Não, Raul, não é castigo, mas, sim, evolução.

— Como assim?

— Foi ela mesma que pediu, envergonhada que estava consigo mesma diante da insensatez de outrora. É ela quem inspira

Vinicius no seu trabalho, incentivando-o na prática do bem, na generosidade com o próximo, sem esmorecer nem julgar.

— Gostaria muito de encontrar-me com ela, agradecer sua generosidade de nos presentear com Vinicius. Quando isso acontecerá?

— Logo ela virá vê-lo.

Alguns dias se passaram e Raul foi chamado ao Ministério do Trabalho.

Chegou um pouco ansioso, sentia que era chegado o momento de poder se dedicar a alguma tarefa.

Afonso, responsável pelo Ministério, recebeu-o com cordialidade.

— Raul, já temos uma resposta para seu pedido de trabalho. Sente-se pronto para assumir o que quer que seja?

Raul alegrou-se e respondeu:

— Irmão Afonso, qualquer trabalho me agrada, o que pretendo e necessito é ser útil.

— Muito bem, esperávamos ouvir isso, sabíamos que sua vontade era verdadeira.

— Desde já agradeço a confiança e o crédito que recebo do Mais Alto.

— Vou chamar o irmão com o qual você vai trabalhar, respeitando-lhe os ensinamentos e as orientações. Você será seu discípulo; ele vai lhe mostrar o caminho a seguir se realmente quiser se aproximar de Jesus, merecendo Suas bênçãos.

Ao som de uma campainha, a porta se abriu e um espírito radioso, simpático, trazendo na face a bondade que lhe ia na essência entrou. Sem que ninguém dissesse nada, Raul conseguiu reconhecê-lo.

— Irmão Luiz! – exclamou maravilhado.

Os dois espíritos se abraçaram como só o fazem os amigos sinceros e verdadeiros. Quase não conseguiu se expressar devido à emoção de estar ao lado do espírito amigo, que tanto o ajudara na Terra, o consolara em seus momentos de busca, mostrara a importância da prática do bem e caminhara ao seu lado como um anjo protetor. Por fim, conseguiu falar:

– Vou ter a ventura de trabalhar com o...

– Por favor, pode me chamar de você – disse irmão Luiz.

– Trabalhar com você – disse Raul. – Meu Deus, isso é mais do que eu esperava. Quanto tenho a lhe agradecer!

– Não quer saber aonde vamos?

– Irmão Luiz, trabalhar ao seu lado, servindo ao Senhor é para mim uma bênção; não me importa o lugar ou o serviço a fazer, o importante é ajudar e amparar os que sofrem.

– Isso é próprio de você, Raul, sempre disposto a servir com generosidade. O trabalho que realizo é na Terra, mais especificamente no centro espírita que você frequentava. Ajudamos os encarnados, inspirando-lhes o bem, o trabalho desinteressado, a caridade plena, e aos desencarnados que para lá são levados para receber alívio para os seus sofrimentos. É um trabalho que só alguém que possui amor de verdade pode realizar, pois requer paciência e muita compreensão.

– Conte comigo, dedicar-me ao meu semelhante é tudo o que almejo. Quando partiremos?

– Dentro de dois dias. Enquanto aguarda, prepare-se para controlar sua ansiedade orando e estudando. Jesus vai protegê-lo.

Raul, seguindo o conselho do querido irmão Luiz, passava seu tempo livre estudando, orando, assistindo às palestras e se preparando para iniciar seu trabalho com os irmãos encarnados na Terra.

Na tarde do segundo dia, estava sentado perto de uma linda cachoeira nos jardins da colônia, estudando o Evangelho. Tão concentrado estava que só após alguns minutos ouviu uma voz suave dizer:

— Como vai, meu amigo?

Raul emocionou-se.

— Solange!

Abraçaram-se com ternura.

Gentilmente, Raul convidou-a:

— Sente-se, vamos conversar um pouco, queria muito revê-la.

— Eu também, Raul, preciso muito lhe agradecer tudo o que fez por Vinicius. Você e Márcia atenderam ao meu pedido, transformaram meu filho em um homem de bem; verdadeiro cristão; deram-lhe amor, enfim, só tenho duas coisas a lhe dizer: muito obrigada; que Jesus o abençoe.

— Não precisa me agradecer, Solange. Na verdade, nós é que deveríamos agradecer-lhe a felicidade que nos proporcionou dando-nos a chance de ter um filho tão especial quanto Vinicius; mas a tarefa não foi só minha; Márcia tem grande parte de mérito, se não tiver toda.

— Sei disso, por essa razão constantemente vou à sua casa energizá-la, agradecendo por todo o bem que pratica.

Nesse momento, Raul deixou a saudade invadir seu espírito.

— Márcia, alma generosa e nobre – disse –, como sinto saudade dessa companheira que tanto amo.

Solange, entendendo o sentimento de Raul, respondeu:

— Raul, hoje eu sei que estava programado o encontro de vocês, são almas afins, que estão juntas há várias encarnações, sempre amparando os que necessitam e, graças a Deus, sempre retornando vitoriosos. Minha ligação com você foi com a finalidade de extirpar o orgulho que sempre me derrubava, ao lado de alguém generoso e fraterno; como não aprendia, a vida deu-me a lição que merecia. Hoje eu entendo e agradeço a Jesus a oportunidade que recebi de renovar meu espírito, conhecer o valor da generosidade e me tornar mais humilde. É bem verdade o que se diz, Raul, se não aprendemos pelo amor, aprendemos pela dor, e foi por meio dela que consegui enxergar os reais valores da evolução.

Raul percebeu alguma emoção nas palavras de Solange.

— O que importa, minha amiga, são seu entendimento e renovação; por conta de sua doação o hospital tornou-se apto a atender mais irmãos necessitados de amparo; hoje se tornou o lugar onde os sofredores enxugam suas lágrimas.

— Quero mesmo falar com você sobre isso — disse Solange. — Deu-me muita alegria seu gesto altruísta em não aceitar a herança que lhe deixei, transferindo-a para o hospital. Hoje, se ele surge majestoso, atendendo ao enorme número de pacientes, é graças a você.

— Fiz o que devia fazer, Solange. Não poderia aceitar recompensa para criar meu filho, recebemos Vinicius como nosso filho verdadeiro, e criar o filho é dever dos pais. Realmente, se não fossem os seus recursos, deixados generosamente, o hospital não seria o que é, principalmente no campo das pesquisas. Atualmente, os pacientes que sofrem as consequências do vírus HIV têm melhor perspectiva de vida. Repito o que disse: não podia aceitar dinheiro para criar meu filho, permite chamá-lo assim?

— Claro, Raul, ele é seu filho tanto quanto meu. Eu lhe dei a vida, você e Márcia o fizeram homem, e sou muito grata a vocês.

— Nós também somos gratos a você; foi seu gesto generoso de entregar-nos seu filho que nos deu a oportunidade de realizarmos nosso sonho de paternidade.

Os dois silenciaram.

Solange voltou a dizer:

— Soube que você vai iniciar um trabalho na crosta. Sente-se feliz?

— Muito, Solange. Poderei dar continuidade ao que sempre gostei de fazer: auxiliar aos que necessitam de uma forma ou de outra.

— Sente-se preparado?

— Acredito que sim. Tenho me dedicado ao estudo; frequento os cursos ministrados pelo irmão Aloísio e recebi permissão do irmão Afonso para este trabalho.

— Que bom, Raul, alegro-me por você.

— E você, como está com seu trabalho no hospital?

— Muito bem, Raul. Solicitei ao Mais Alto permissão para trabalhar com os irmãos que sofrem de aids. Precisava estar bem comigo mesma; envergonhava-me por minhas atitudes de outrora.

Lembrando-se do pai biológico de Vinicius, Raul perguntou:

— Diga-me, Solange, como está Murilo, você esteve com ele?

— Sim, antes que retornasse ao corpo físico.

— Está reencarnado?

— Sim. Não gozava de boa situação na espiritualidade, trazia seu perispírito muito lesado por conta dos vícios que alimentou na última encarnação. Nossos superiores entenderam por bem enviá-lo para nova experiência na Terra, em um corpo físico enfraquecido em razão dos próprios desatinos cometidos levianamente, para que pudesse restaurá-lo e, por meio da fragilidade de sua saúde, aprender a valorizar o corpo da matéria.

– Você sabe onde está?

– Sim. Vejo-o com regularidade e o auxílio a suportar com coragem o resultado de suas ações imprudentes. Pela misericórdia do Criador encontra-se com dois espíritos que o ajudam nesta experiência, dando-lhe amor e proteção, ensinando-o a agir com prudência, valorizando a importância de manter o corpo físico limpo, isento de vícios e de exageros de qualquer espécie.

– Posso saber onde está?

– Sim, você foi um dos que o recolheram: é o nosso irmão André, que você e Márcia receberam como filho do coração.

– André! – exclamou Raul surpreso.

– Sim, André. Você não estranhava a enorme afinidade entre ele e Vinicius? A explicação está aí, Raul, André é o pai que desprezou Vinicius no passado. Outrora o desespero, o abandono; hoje, o amor acima dele mesmo, a reconciliação; é o aprendizado, Raul. Vinicius é um espírito mais evoluído, mais consciente da verdade do Senhor e, dentro dessa consciência, ampara André ensinando-lhe o amor verdadeiro, que nada pede nem exige, apenas existe.

Ainda surpreso com a revelação, Raul comentou:

– Meu pequeno André é Murilo; tão frágil, sempre doente e completamente ligado emocionalmente a Vinicius. Como a bênção de Deus se faz presente na trajetória de evolução de todos nós! Que Jesus lhe dê força e coragem para vencer os obstáculos e alcançar a vitória.

– Acredito que ele alcançará. Márcia e Vinicius estarão por perto lhe mostrando o caminho, ajudando-o nas suas descobertas de amor fraternal.

Solange, levantando-se, disse a Raul:

– Preciso ir, desejo a você muita paz, sucesso e felicidade em seu trabalho; que Jesus lhe dê muita serenidade para prosseguir seu curso de evolução. Vamos nos encontrar em outra oportunidade, se assim permitirem. Que Jesus o abençoe, Raul.

– Obrigado, Solange, que Jesus a abençoe, também.

Despediram-se.

Raul, ao vê-la se afastar, mergulhou em seus pensamentos: "Como tudo é perfeição na criação de Deus! Nossos erros poderão ser consertados; o trabalho inacabado poderá ser terminado; o amor esquecido e sufocado poderá ressurgir com intensidade e altruísmo em corações adormecidos, transformando nossos desafetos em afetos queridos. Bendita seja a reencarnação! Bendito seja o esquecimento temporário do passado!".

Pensando assim, sereno, retomou a leitura do Evangelho, agradecendo ao Senhor a paz que desfrutava.

"Em cada nova existência o espírito dá um passo no caminho do progresso. Quando se tenha despojado de todas as imperfeições, não mais necessitará das provas da vida corporal[19].
A lei da reencarnação se funda na justiça de Deus e na revelação; incessantemente repetimos: o bom pai sempre deixa aberta uma porta para o arrependimento. A razão não vos

---

19. Kardec, Allan. *O Livro dos Espíritos.* Segunda Parte. Cap. IV. Item I, questão 168. São Paulo: Opus. p. 83

indica que seria injusto privar para sempre da felicidade eterna aqueles aos quais não se deram todas as oportunidades para se melhorarem? Não são filhos de Deus todos os homens? Somente entre egoístas são comuns a iniquidade, o ódio implacável e os castigos eternos[20]."

---

20. Kardec, Allan. *O Livro dos Espíritos.* Segunda Parte. Cap. IV. Item II, questão 171. São Paulo: Opus. p. 84.

O trabalho de Raul

Raul sentia-se pronto para iniciar o seu trabalho com o irmão Luiz.

Diante da perspectiva de poder auxiliar aos irmãos encarnados, assim como aos desencarnados, que eram levados ao centro espírita para o atendimento necessário, o mesmo centro espírita que tantas vezes frequentara, recebendo orientações para suas dúvidas e alívio para suas aflições, seu espírito enchia-se de contentamento.

Irmão Luiz procurou-o e ambos foram assistir à palestra de irmão Aloísio, que iria orientar a todos os espíritos que ali se encontravam com o intuito de aprender para poder, com sabedoria, ajudar a quantos deles necessitassem, conforme o trabalho de cada um e dentro do Evangelho de Jesus.

– É preciso aprender a ensinar – dizia sempre irmão Aloísio.

Assim que chegaram, ambos ocuparam as cadeiras da frente e aguardaram a entrada do palestrante, o que aconteceu nos minutos seguintes.

— Meus irmãos, vamos inicialmente orar ao Mestre pedindo equilíbrio e paz para que todos possam iniciar sua tarefa com consciência, amor e desprendimento.

" — Senhor, que Vossa luz venha iluminar nosso espírito, trazendo-nos o discernimento e a compreensão necessária para que possamos auxiliar com sabedoria e prudência nossos irmãos que sofrem. Que possamos entender que não nos cabe julgar, mas, sim, levar conforto, esperança e fé, fortalecendo-os para suportarem suas aflições. Dai-nos a compreensão para entendermos que não devemos tirar a cruz dos ombros de ninguém, mas, sim, ajudá-los a carregá-la dentro do entendimento e aceitação dos desígnios divinos, prestando auxílio amigo e fraterno, inspirando-os a ter coragem e capacidade para lutar e vencer as dificuldades e aflições, promovendo a felicidade por meio de sua reforma interior. Que nossas inspirações sejam para glorificar Vosso nome, levando nossos irmãos ao caminho da verdade e da redenção. Assim seja."

— Se algum de vocês quiser fazer perguntas, é só apertar o botão que está à direita da cadeira.

Raul não se fez de rogado e, no mesmo instante, solicitou a oportunidade de se esclarecer.

— O que deseja saber, Raul?

— Irmão Aloísio, vou iniciar um trabalho em um centro espírita na Terra, a minha dúvida é a seguinte: devemos resolver todos os problemas que os encarnados nos pedem?

— Raul, não devemos tirar dos encarnados sua responsabilidade diante de sua própria vida. Fazer a tarefa que está sob a responsabilidade de alguém é privá-lo do aprendizado do próprio esforço. As palavras de incentivo, encorajamento, são o melhor auxílio que podemos prestar; esclarecê-lo sobre a importância de carregar a própria cruz sem perder a fé no Cristo.

— Mas e se o sofrimento desses irmãos for grande demais? — perguntou Alcides.

— Todo sofrimento é grande para quem o sente, meu irmão. Nossa tarefa é ajudá-lo a encontrar nos ensinamentos de Jesus a fonte onde se busca conforto e inspiração, conseguindo assim vencer as provas que julga pesadas demais, pois sabemos que todas as provas são do tamanho dos nossos ombros, e nosso Pai não permite um peso maior do que aquele que podemos suportar.

— Desculpe, irmão Aloísio, o senhor fala de sabedoria, como podemos defini-la?

— Irmão, temos o conhecimento e a sabedoria. O conhecimento é quando temos consciência do que conhecemos, ou melhor, sabemos o quanto sabemos. A sabedoria é quando atingimos um estado de conhecimento tal que não sabemos o quanto sabemos. O verdadeiro sábio é humilde, não a humildade camuflada, mas a verdadeira. A sabedoria nos faz dizer coisas profundas do modo mais simples, porque ela vai ao encontro da essência de quem nos ouve, sem precisarmos exibir a grande cultura que julgamos ter.

Como o silêncio se fez presente, irmão Aloísio perguntou:
— Mais alguma pergunta?
Não obtendo resposta, finalizou:
— Não se esqueçam de que não se conquista a evolução se não houver purificação do nosso corpo e do nosso espírito; isso só é possível por meio da abnegação, da aceitação da vontade de Deus, do caminhar de acordo com as Leis Divinas, dos sentimentos nobres e da nossa capacitação de trabalhar e ir em

busca de melhoras para nossos males, sem nos tornarmos um peso para os outros. Esclareço que o corpo é um bem precioso, que não se pode nem se deve atingi-lo com vícios e desregramentos que hoje dominam a humanidade, porque no futuro a reação virá a galope. Enfim, meus irmãos, esperança, serenidade, nobreza de sentimentos, é disso que a humanidade está precisando e é isso que devemos despertar em seu coração: amor ao semelhante e fé no Criador. Somos tarefeiros de Cristo e essa é a nossa missão. Agora, vão em busca da tarefa que lhes foi destinada e que devem cumprir com amor.

Todos se retiraram sentindo paz, confiança e aquecendo seu espírito no amor de Jesus.

– Irmão Luiz, como vamos até a Terra? – perguntou Raul.

Irmão Luiz sorriu.

– Volitando, meu caro, você já sabe como fazer. Vamos?

– Estou pronto – respondeu Raul. – Vamos!

Os dois espíritos, confiando em Jesus, lançaram-se no espaço com destino à Terra.

Raul mergulhou no trabalho a ele destinado com muita vontade de ajudar e servir realmente aos irmãos encarnados que frequentavam o centro espírita, como também aos desencarnados, que ali eram levados para receberem os primeiros socorros ou então para serem acordados para a vida espiritual com Jesus.

Suas palavras de carinho e incentivo eram um bálsamo para corações sofredores. Amparava, orientava, explicava, sempre dentro dos ensinamentos do Evangelho de Jesus. Tornara-se um verdadeiro tarefeiro do amor.

Irmão Luiz, satisfeito com a evolução de Raul e com seu esforço cada vez maior em auxiliar, a cada dia mais e mais lhe confiava tarefas de mais responsabilidade. As reuniões na casa espírita aconteciam sempre de maneira equilibrada; palestras, passes magnéticos e, quando necessário, a palavra de um bom espírito se fazia presente elucidando e esclarecendo questões de evolução. Todos os que frequentavam com assiduidade as reuniões semanais vibravam na mesma faixa. O objetivo único naquela casa era a caridade e o aprendizado da palavra de Jesus.

Em uma das reuniões, Clarice foi levada para receber tratamento espiritual. Jovem de dezessete anos, chegou ao centro espírita acompanhada de sua mãe e irmã mais velha. Irritada, agressiva, dizia não acreditar nas bobagens que o Espiritismo pregava, pois sabia ser invenção das pessoas que queriam tirar proveito dos enfraquecidos.

Sua mãe, espírita há muitos anos, tentava acalmá-la, sem sucesso.

— Minha filha, respeite a casa que a está recebendo com todo o carinho; faça por onde merecer a bênção de Deus por meio dos bons espíritos aqui presentes que querem exclusivamente o seu bem, o seu equilíbrio.

— Quero ir embora, mãe. Eu disse que não queria vir, mas a senhora me obrigou, agora não tem o direito de reclamar.

— Do que você tem medo? — perguntou Nanda, sua irmã.

— Não tenho medo de nada — respondeu Clarice dando uma entonação autoritária à voz.

— Por que então, não quer ouvir o que eles têm a lhe dizer?

— Porque todo mundo aqui quer se intrometer na vida dos outros, só que na minha vida mando eu.

— Filha, você ainda é muito jovem para tomar decisões importantes; está agindo como se escondesse alguma coisa séria e tivesse medo da revelação. Acertei?

– Não, mãe, não acertou.

Olhando para sua mãe, suplicou:

– Por favor, mãe, vamos embora, não quero me consultar com ninguém. Tenho esse direito.

– Teria, se tivesse respeitado seu pai e eu e esclarecido o que fazia com aquele remédio abortivo.

Clarice ficava cada vez mais nervosa.

– Já lhe disse mil vezes que não era meu, era de uma amiga que me pediu para guardá-lo, não queria que sua mãe visse; mas vocês não acreditam em mim, sempre acham que estou mentindo!

– Isso nós vamos ver! – exclamou sua mãe. – Agora, fique quieta, e é bom me obedecer, pois não estou brincando.

Clarice, assustada, obedeceu-lhe. Fechou os olhos e se entregou ao temor.

A reunião começou. O orientador fez uma prece com emoção e sentimento de amor.

Raul solicitou ao irmão Luiz permissão para dirigir algumas palavras aos presentes. Este, de imediato, identificou a verdadeira intenção dele, e disse:

– Raul, sua intenção é louvável, mas não podemos invadir a privacidade de ninguém nem colocar quem quer que seja à mercê de julgamentos e comentários. Sei que tem razão, e que é nosso dever esclarecer essa jovem sobre um assunto tão delicado e perigoso, que pode levar quem o pratica a anos de sofrimento pela culpa de interferir na vida de um ser indefeso. Portanto, dou-lhe permissão, mas quero que o faça indiretamente, esclarecendo a todos os presentes sobre a importância da vida e fazendo-os compreender que somente o Criador possui o direito de interromper o ciclo da existência de cada um.

– Você entendeu o meu pensamento?

– Sim, irmão. Pode confiar em mim, não me sentiria bem magoando quem quer que fosse; aprendi a respeitar a individualidade de cada um e é dentro desse respeito que vou me dirigir aos encarnados.
– Que Jesus o abençoe – respondeu irmão Luiz.
Raul se aproximou do orientador e, posicionando-se próximo a ele, teve acesso à sua voz por meio da mediunidade educada e equilibrada do irmão encarnado.
– Boa noite a todos os irmãos; rogo a Jesus que os abençoe sempre. Nesta oportunidade, em que a bênção de Jesus se faz presente, aquecendo o coração daqueles que O aceitam, vou falar-lhes sobre um assunto que cada vez mais se fortalece nas mentes inconsequentes e levianas de muitos: o aborto! Pode alguém se sentir tranquilo após cometer uma falta tão grave aos olhos de Deus? Quem se julga no direito de impedir a reencarnação de um espírito, matando seu corpo antes mesmo que ele nasça no mundo físico? Alguém pode afirmar conhecer a reação que causa no espírito repudiado esta atitude leviana, egoísta e anticristã? Não, irmãos meus, ninguém possui esse direito. A mesma oportunidade que nos foi concedida devemos conceder a outros irmãos para que venham cumprir sua tarefa na Terra; a vida é uma dádiva divina, é o bem maior que nosso pai nos concede, é a oportunidade que temos de crescer e nos espiritualizar, não podemos negar este bem precioso a ninguém, a nenhum espírito; às vezes, o filho que se repudia vai se tornar um obsessor, levando quem o repudiou a doenças, angústias e, muitas vezes, impedindo uma nova gravidez.
Clarice não conseguiu impedir suas lágrimas. Sua mãe, percebendo o pranto silencioso que a acometia naquele momento de aprendizado, entendeu a situação em que sua filha estava.

"Ela está grávida", pensou. "Meu Deus, ela está grávida; o remédio abortivo era para ela. Graças vos dou, Senhor, por ter impedido que ela cometesse essa loucura. Minha filha, uma menina ainda, está grávida, como poderei aguentar?"

Raul continuou sua explanação.

— É nosso dever respeitar a vida, a nossa e a do próximo; ela nos é dada por Deus e somente Ele pode nos tirar quando julgar que será bom para nós retornarmos à pátria espiritual. A felicidade existe, sim, encontra-se ao alcance de todos os que a desejam; mas é preciso saber que não se busca a felicidade fora de nós, porque não a encontraremos pela simples razão que ela é uma conquista da alma, um estado que só alcançaremos cultivando os valores da nossa alma. Aceitar a palavra do nosso Pai na teoria é importante, mas muito mais importante e cristão é aceitá-la na prática, amando, respeitando, vivendo os ensinamentos de Cristo, a sua verdade. O aborto é um crime perante as Leis de Deus. Necessário se faz elevar a mente até a espiritualidade, para que se possa receber as bênçãos e as inspirações dos tarefeiros de Jesus. É preciso aprender a falar de vida, de amor e de paz; saber abrir os braços e aconchegar junto do peito o filho que Deus entrega para, antes de tudo, ser amado e orientado por aqueles que foram destinados por Deus para essa missão.

"Não raro, o homem depara com situações que, muitas vezes, sente dificuldade para resolver; isso geralmente acontece porque se intimida em falar de amor; sente dificuldade para despertar esse sentimento dentro de si mesmo e projetá-lo para fora em direção ao coração do próximo. É preciso confiar naqueles que estão ao nosso lado como companheiros de jornada, aliviar a alma por meio do desabafo sincero e justo que nos traz serenidade. As alternativas para os problemas que nos afligem são muitas, necessário se faz saber escolher as melhores, as que nos levam realmente a nos aproximar dos ensinamentos de Jesus. É preciso respeitar a vida em todas as suas formas, porque tudo e todos são criaturas de Deus."

Irmão Luiz fez sinal para que encerrasse sua comunicação e assim Raul o fez.

– Agradecendo ao nosso Divino Amigo a oportunidade recebida, despeço-me, pedindo-Lhe que os cubra de bênçãos e luz para que seus passos sejam seguros em direção ao Pai. Boa noite, meus irmãos.

– Irmão Luiz, essa garota estava decidida a cometer o aborto, que Jesus a faça repensar essa decisão para não se afundar na dor.

– Você foi muito bem, Raul, tocou seu coração e o de sua mãe, que logo compreendeu a situação. Ela vai ajudá-la, creio que tudo acontecerá dentro das Leis Divinas.

– Por que os jovens estão se entregando tão cedo aos prazeres da matéria, irmão Luiz? Agem sem nenhuma prudência; trocam os valores reais pelos efêmeros e se desesperam quando chegam às consequências de suas leviandades. É preciso ensiná-los a viver com responsabilidade, isso é um dever dos pais, orientá-los, falando sobre as misérias que atraímos quando agimos de maneira inconsequente e leviana.

O orientador iniciou a prece de encerramento da reunião.

Ao acender as luzes, todos estavam emocionados pelas palavras de Raul.

Clarice continuava sentada no mesmo lugar, sem coragem de encarar sua mãe e irmã; seu rosto estava marcado pelas lágrimas que confirmavam para Ana o que ela já havia concluído.

— Por que fez isso, minha filha? – perguntou Ana, controlando seu nervosismo.

— Isso o quê, mãe?

— Clarice, deixe a encenação de lado e confirme sua gravidez; eu bem entendi o que o espírito quis dizer, e espero que você também, minha filha, para o seu próprio bem.

Clarice, chorando, abraçou a mãe dizendo:

— Mãe, perdoe-me, eu não devia ter feito o que fiz; agora, não sei como levar adiante essa minha leviandade. Preciso muito da senhora, ajude-me, pelo amor de Deus.

— Eu vou ajudá-la, minha filha, mas me prometa que vai tirar essa ideia de aborto da sua cabeça; isso não vou aceitar.

— Mas como vou criar um filho, mãe?

— Da mesma maneira como você o fez, com vontade, determinação e o mais importante, imenso amor.

Clarice não conseguia parar de chorar.

— O que vai ser de mim, mãe?

— Vai depender do que fizer de você, minha filha. Você prestou atenção nas palavras do espírito; o aborto é um crime que vai contra as Leis de Deus, não o carregue na sua história.

Raul, ao lado de Ana, inspirava-a, auxiliando-a a encontrar as palavras certas.

— Minha filha, vamos para casa, lá conversaremos mais à vontade, está tarde, não é justo prendermos pessoas que precisam de descanso.

Deixaram a casa espírita e seguiram levando na alma seus questionamentos e buscando por meio da fé suas respostas. Clarice, ainda desesperada, com a mente confusa, tentava encontrar o que julgava ser o melhor caminho para resolver seu problema.

— Irmão Luiz — perguntou Raul —, posso acompanhá-las, gostaria de auxiliar Ana por meio da inspiração e tentar acalmar o coração dessa jovem que, imprudentemente, agiu pelo impulso que domina os jovens e hoje quer novamente tomar a decisão leviana e inconsequente de matar seu próprio filho.

— Vamos, Raul, vou acompanhá-lo, a questão não é somente esta, você verá.

Assim, ambos as seguiram até a residência. Ao entrarem, José perguntou:

— Então, Ana, como foi a reunião? Recebeu alguma explicação para as atitudes agressivas de Clarice?

— Recebi a confirmação do que, no fundo, eu já desconfiava.

— E o que é?

— Clarice está grávida!

José sentiu-se desfalecer. Perguntou:

— Isso é verdade, Clarice?

Diante da confirmação, surpreendendo sua esposa, ele desfechou um tapa no rosto da filha, o que quase a fez cair. Clarice, cobrindo o rosto com as mãos, olhou firmemente para seu pai e disse:

— Eu o odeio!

Imprudentemente, José respondeu:

— Não tanto quanto eu a desprezo; não a reconheço como minha filha, pois não foi essa a educação que nós lhe demos.

— Da minha vida cuido eu — respondeu Clarice, indo em direção ao seu quarto.

Antes que desse três passos, ouviu novamente a voz do pai:

— Volte aqui porque não acabei.

Clarice parou.

– Amanhã mesmo vai procurar o pai dessa criança, quero que ele assuma o que fez e a tire da minha casa. Não vou passar minha vida me escondendo de vergonha.

O caos havia se instalado na casa. Raul olhou para o irmão Luiz.

– Por Deus, meu irmão, quanta imprudência, insensibilidade, intolerância e incompreensão aos erros alheios! Sem mencionar a falta de amor pela própria filha.

– Não lhe disse, Raul? A questão não era somente o aborto; a ignorância espiritual provoca uma enxurrada de enganos e desatinos. Se essa atitude desse irmão não for reprimida, todos vão chorar nas garras do arrependimento.

– O que podemos fazer? – perguntou Raul.

– Primeiro, vamos acalmar Clarice, inspirar-lhe pensamentos de amor por este feto que está em seu ventre, para que renegue o pensamento do aborto. Induzi-la a aceitar nos braços quem está chegando para ser seu companheiro de jornada; fortalecê-la para se sentir capaz de, sozinha ou não, criá-lo com amor e atenção, protegendo-o dos pensamentos agressivos de José.

– Como faremos isso, irmão Luiz?

– Assim que se entregar ao sono, iremos atraí-la para junto de nós; libertá-la parcialmente do seu corpo físico dará ao seu espírito condições de assimilar a verdade da vida por meio das palavras de Jesus. Clarice é apenas um espírito que está perdido no seu engano, perdeu a direção, mas é um espírito dócil e vai compreender.

– E quanto ao seu pai?

– Este é um espírito agressivo, dominador, que age sempre pela primeira impressão, sem se importar se é a mais adequada ou não.

– O que faremos em relação a ele?

– A ele muito pouco; nossa tarefa é auxiliar Clarice e esse espírito que precisa reencarnar; impedi-la por meio do amor de cometer o desatino do aborto, fazê-la descobrir dentro de si mesma todo o amor que tem para dar e a felicidade que poderá usufruir ao lado do filho.
– E quanto à sua mãe?
– Ana vai nos ajudar, é um espírito temente a Deus, receptiva às inspirações, confia na espiritualidade, assim como Nanda, irmã de Clarice. Temos aliadas importantes, Raul, e é por meio delas que chegaremos mais perto de Clarice.

"O aborto provocado é crime, em qualquer período da gestação? Há crime sempre que se transgride a lei de Deus. A mãe, ou quem quer que seja, cometerá crime se tirar a vida do nascituro, porque com isso impede um espírito de passar pelas provas mediante o uso do corpo que se estava formando e ao qual ele estava ligado desde o primeiro instante da concepção.
Supondo que a vida da mãe corra perigo pela proximidade do parto, há crime em se provocar o aborto para salvar a vida da mãe?
É preferível que se sacrifique o ser que ainda não existe a sacrificar-se o que já existe[21].*"*

Irmão Luiz e Raul aguardaram Clarice adormecer. Assim que a viram fora do corpo chamaram-na.
– Quem são vocês? – perguntou.
– Somos espíritos amigos, Clarice, e estamos aqui em nome de Jesus para ajudá-la neste momento de aflição.

---

21. Kardec, Allan. *O Livro dos Espíritos*. Segunda Parte. Cap. VII. Item II, questões 358 e 359. São Paulo: Opus. p. 120.

— Eu não os conheço, como posso saber se são meus amigos de verdade e querem o meu bem?

Raul adiantou-se:

— Sou o irmão que falou a você hoje na casa espírita; meu nome é Raul.

— Sinta nossa vibração, nossa energia, e saberá se somos ou não tarefeiros de Cristo — completou irmão Luiz.

— Eu sabia que tudo o que falava era para mim; vocês sabiam que eu queria praticar o aborto, ou melhor, queria não, que vou tirar essa criança.

— Não faça isso, minha irmãzinha — disse irmão Luiz, não desafie as Leis de Deus para não cair no sofrimento; ao contrário, ame o seu filho, chame-o para junto de si pelo amor a ele enviado.

— Eu sou muito jovem, meu pai não me quer mais aqui em casa, vou ter de sair e não tenho para onde ir, vou sofrer muito.

— Clarice, fui médico na Terra, trabalhei com pacientes vítimas da aids — disse Raul —, vi muito sofrimento, presenciei muitas lágrimas e fui testemunha de muita dor, portanto, posso dizer-lhe que gravidez não é sinônimo de doença ou tristeza, mas, sim, de saúde e alegria. O sofrimento é você quem vai trazer se persistir com a ideia do aborto, se quiser apagar um erro com outro maior; confie em Jesus, traga-O para perto de você e verá quantas alegrias terá ao lado do seu filhinho.

— Mas não tenho ninguém!

— Onde está o pai da criança?

— Quando soube da minha gravidez desapareceu sem deixar vestígio, como disse, estou completamente só.

— Continuo a lhe dizer não; tem sua mãe, que é um espírito forte, batalhador e amigo, e vai seguir com você nesta jornada, mesmo contra a vontade de seu pai; e tem também a Nanda, que será para seu filho uma segunda mãe, tal é o carinho que tem por você.

— Clarice — disse irmão Luiz —, antes de qualquer coisa está a verdade de Deus, Suas leis e Suas palavras ditas por meio de Jesus, e o que realmente importa é seguir o Seu caminho, a Sua direção, se quisermos alcançar um bom lugar em Seu reino por meio da evolução espiritual. Sua vida não vai ser fácil, mas foi você mesma quem escolheu este caminho. Agora, é preciso agir com responsabilidade, pois é uma vida que está vindo sob seus cuidados. Se escolher o melhor caminho, a solução mais prudente e verdadeira estará sob os cuidados de amigos espirituais que acompanharão sua trajetória, inspirando sempre o bem; caso contrário, estará entregue à sua própria vontade, atraindo companhia que pensa e age como você, imprudente e leviana, e as reações fatalmente virão.

— A vida foi má comigo, isso não podia ter acontecido, sou muito nova!

— A vida não é má, ela é apenas o cenário do bem e do mal que o próprio homem pratica. Os obstáculos acontecem, Clarice, para que possamos vencê-los e alcançar o êxito por meio do aprendizado do bem e da responsabilidade.

Clarice ficou pensativa e, após alguns instantes, respondeu entre lágrimas:

— Em nome de Jesus me ajudem, sou fraca, preciso de auxílio. Perdoem-me, não quero mais errar, não quero matar meu filho; peçam a Jesus por mim.

— Terá força e coragem, minha irmã, ficaremos atentos a você; que Jesus a abençoe e proteja este novo ciclo da sua existência.

– Agora, volte ao seu corpo, que você tenha um despertar feliz e cheio de esperança, lembrando sempre que nunca devemos interromper nossa caminhada rumo a Jesus, para que possamos sempre, ao lado do Divino Amigo, saber tornar bom o que por nossa cegueira espiritual pode parecer mau.

"Quando exercitamos as virtudes cristãs, aprendemos a amar todas as formas de vida, porque sabemos que em todo o Universo, na partícula da lágrima de um irmão, está o pensamento de Deus[22]."

---

22. Irmão Ivo. *A essência da alma.* São Paulo: Lúmen Editorial, 2006.

O desencarne de Márcia

Os meses se passaram.

Clarice, sendo alvo da ira de seu pai, deixou sua casa paterna e foi viver com uma tia distante que, sensível ao seu sofrimento, abrigou-a em sua casa.

Durante toda a gestação ela sofreu preconceito e humilhação por parte de seu pai que, sem poupar palavras, agredia-a impiedosamente. Sua mãe e Nanda acolhiam-na nesses momentos e, com palavras doces e amigas, conseguiam equilibrar suas emoções.

— Não suporto ouvir meu pai chamar seu próprio neto de bastardo, mãe. Ele não tem coração; pensa que é melhor que os outros, que não erra e não se engana!

Com toda a paciência, Ana respondeu:

— Minha filha, pense somente em você e na saúde de seu filhinho. Um dia seu pai vai reconsiderar e ver a inutilidade de suas atitudes, entender que somente ele tem a perder, pois não está vivendo este momento tão sublime, que é esperar o instante de abraçar nosso neto.

— Nossa mãe tem razão, Clarice, o momento agora é de paz para você e para o bebê. O instante do parto está próximo, não é bom alimentar sentimentos ruins. Pense somente na alegria de abraçar seu filho.

O dia chegou.

Acompanhada de Ana e Nanda, Clarice deu entrada na maternidade. Como prometeram, irmão Luiz e Raul deram toda a assistência espiritual para ela e o bebê. Agora, no instante final, estavam ao seu lado, acompanhando a equipe responsável pela encarnação, vibrando para que tudo seguisse seu curso natural, o que na verdade aconteceu. Logo o choro de Marquinhos invadiu a sala de parto e o coração de Clarice, cansado, explodiu de felicidade.

— Senhor, obrigada por este momento. Obrigada, Senhor, por eu ter entendido a importância da vida e ter aberto meus braços e meu coração para meu filhinho amado.

Raul passou as mãos sobre os cabelos de Clarice e orou a Jesus para que a amparasse.

— Clarice — disse sua mãe — seu pai demonstrou o desejo de ver o neto; você permite?

Surpresa, ela respondeu:

— Meu pai está aqui e quer ver meu filho?

— Clarice, não lhe disse antes, mas há dois meses ele sonha com isso; arrependeu-se do que fez e quer pedir perdão.

— Não sei o que dizer, mãe; por que não me falou antes? Será verdade ou é mais uma artimanha dele?

— Creio que seja verdade, minha filha, ele mudou muito.

— E o que ou quem o fez mudar assim?

Ana, sentando-se ao lado da filha, relatou:

— Clarice, você se lembra da casa espírita em que fomos por ocasião do início de sua gravidez?

— Claro que me lembro, mãe, o que tem ela?

— Há algum tempo, seu pai me acompanha às reuniões e assiste às palestras. Em uma delas, o mesmo espírito que falou naquele dia sobre o aborto, comunicou-se novamente e, pode parecer estranho, Clarice, tudo o que ele disse se encaixou direitinho para seu pai. Até parece que ele sabia o que estava acontecendo. José saiu de lá impressionado. Ficou pensativo por uns tempos e depois assumiu seu erro. Disse à sua irmã e a mim que entendera a mensagem explicada na reunião e que estava arrependido pela sua intolerância, pelo mal que havia feito a você e que queria reparar seu erro pedindo o seu perdão e dando ao neto todo o seu amor. Pareceu-nos sincero; agora, quem decide é você, pois o filho é seu e a ofendida foi você. Só gostaria de lembrá-la de que Jesus nos ensinou a perdoar e que quem sofre mais é sempre o ofensor e não o ofendido.

Os olhos de Clarice encheram-se de lágrimas. Encostando sua cabeça nos ombros de sua mãe, respondeu:

— Mãe, ninguém sabe o quanto sofri vivendo longe da senhora, da Nanda e do papai. Se Jesus perdoou o meu erro enviando para os meus braços um filhinho perfeito e saudável, quem sou eu para não perdoar quem me deu a vida? Eu amo o meu pai, quero-o ao meu lado, ajudando-me a criar meu filho, assim como a senhora e minha querida irmã.

— Você me faz feliz, filha.

— Mãe, vou contar-lhe uma coisa que guardo só para mim. Se não acreditar, não faz mal.

— Diga, o que é, minha filha?

— Naquela noite que fomos à reunião e a senhora descobriu minha gravidez, chegando a casa fui me deitar depois de ser alvo da ira de papai. Estava decidida a abortar, pois não me julgava apta a tomar conta sozinha de um filho, sentia muito medo e percebi que não teria ajuda alguma, muito menos casa para morar. Sempre acreditei que poderia contar com a senhora e com a Nanda, mas comecei a ter dúvidas diante da reação de papai. Adormeci, mãe, e tive um sonho que jamais vou esquecer.

– Conte-me, Clarice.

Clarice contou com detalhes o sonho que tivera.

– Quando despertei, mãe, trouxe muito forte em mim a sensação de que, apesar das dificuldades que enfrentaria, teria amparo, se não da minha família, mas de Deus; e que não deveria cometer o aborto porque se isso acontecesse perderia o amparo divino e ficaria completamente só no mundo. Decidi, então, enfrentar o destino que eu mesma tracei; foi o que fiz. Não acha estranho, mãe?

– Filha, não sei explicar essas coisas, mais sei que nunca ficamos desamparados quando temos fé e seguimos nossa vida enfrentando com dignidade e coragem nossas aflições e nossos erros. Pode ter sido mesmo uma inspiração, não sei, mas o fato é que a fez pensar e decidir pelo melhor.

Clarice continuou:

– Tem mais, mãe. Durante toda a minha gestação sofri muito, não pela tia Maria, que sempre me tratou bem, afinal foi quem me acolheu; mas pelo fato de estar longe da senhora, da Nanda e também de papai. Tinha muito medo do meu futuro e, muitas vezes, adormeci chorando. Nessas ocasiões, sempre sonhava que alguém me dizia para não perder a fé porque tudo se resolveria a partir do nascimento do meu filhinho, e que a paz voltaria ao coração de todos.

– Que lindo, filha, acho que você possui alguém muito especial que cuida de você com a permissão de Jesus; faça sempre por merecer esse auxílio.

– É por tudo isso, mãe, que não quero guardar mágoa de papai; ao contrário, fico feliz pela sua renovação e quero abraçá-lo com todo o carinho filial.

– Minha filha, como você amadureceu! – exclamou Ana.

– Diga a ele que venha conhecer seu netinho e abençoar sua filha.

– Direi, Clarice. Que Jesus abençoe nossa união para que possamos dar a essa criança um lar de verdade, com amor e compreensão.

Raul olhou para irmão Luiz e, emocionado, disse:

– Quando o coração do homem se abre para o amor e permite a entrada dos sentimentos nobres, a paz se faz.

Sorrindo, irmão Luiz respondeu:

– Missão cumprida, Raul. Parabéns, fez um bom trabalho!

– Obrigado, meu amigo e mestre, sou-lhe muito grato por ter confiado em mim.

– Raul, se Jesus confiou, quem sou eu para questionar?

Os espíritos influem nos nossos pensamentos e atos?
Muito mais do que imaginais. Influem a tal ponto, que quase sempre são eles que vos dirigem.
Como distinguir se um pensamento sugerido vem de um bom ou de um mau espírito?
Estudai o caso. Os bons espíritos só aconselham para o bem. Cabe-vos fazer a distinção[23].

---

23. Kardec, Allan. *O Livro dos Espíritos*. Segunda Parte. Cap. IX. Item II, questões 459 e 464. São Paulo: Opus. p. 141.

O tempo seguiu seu curso.

Raul continuava seu trabalho ao lado de irmão Luiz e, por meio de autorização, visitava periodicamente sua família terrena.

A cada visita alegrava-se em ver seus filhos crescidos e vivendo dentro do conceito cristão. André, mais e mais, apegava-se a Vinicius que, apesar de já estar casado e ser pai de duas crianças, tratava-o como seu filho, preocupando-se com sua saúde frágil.

Márcia, em idade avançada, ainda conservava no rosto os traços de sua beleza de outrora, talvez sustentados por sua incrível beleza e força interior.

Certo dia, irmão Luiz, chegando perto de Raul, que se dedicava ao atendimento de irmãozinhos recém-desencarnados que estavam em atendimento na casa espírita, disse:

— Raul, temos de regressar à colônia, nosso superior deseja falar-lhe.

— Diga-me, irmão Luiz, fiz algo de errado? — perguntou apreensivo.

— Não, Raul, acalme-se, sua conduta está satisfatória, não se aflija, logo saberá do que se trata.

— Posso ir despedir-me de minha família?

— Não se faz necessário, logo estaremos de volta.

— Se é assim, podemos ir, estou pronto.

Em segundos, chegavam à colônia, onde foram recebidos pelo irmão Aloísio que, sorridente e afável, disse:

— Parabéns, estamos muito satisfeitos com o desempenho de vocês na crosta. Não esperávamos outro resultado senão esse; aprenderam de verdade que a cada abraço que trocamos com nossos irmãos, a cada mão que apertamos unimos nossos ideais de amor e fraternidade, aproximando-nos do Criador.

— Irmão Aloísio — disse irmão Luiz —, seria bom que todos os homens entendessem e aceitassem a caridade como a virtude que mais os aproxima de Jesus, porque os torna mais mansos e benevolentes!

— Um dia, eu acredito, eles vão entender — concluiu Raul.

Irmão Aloísio, com sua sabedoria, respondeu:

— Meus irmãos, a água borbulha por entre as pedras com toda a sua exuberância porque é simplesmente o efeito de uma nascente cristalina. Assim como a água, a caridade também é o efeito de uma nascente de amor nos corações generosos que se doam sem nenhum outro desejo, senão o de estar exercitando a lei do amor.

— Agradecemos suas palavras, irmão.

— E você, irmão Luiz, o que me diz de Raul?

— Raul tem me surpreendido cada vez mais pelo seu esforço e carinho com que trata a todos. Sempre disposto a colocar as necessidades alheias à frente das suas.

— Agrada-me ouvir isso, e, por sabermos de toda a sua trajetória desde que aqui chegou, há alguns anos, vamos dar-lhe um prêmio por sua dedicação. Algo que, creio, vai deixá-lo muito feliz.

Timidamente, Raul perguntou:

— Posso saber do que se trata ou ainda é preciso esperar?

— Não precisa esperar, Raul, pode saber agora mesmo. Ouça bem: dentro de sete dias nossa querida irmã Márcia retornará da Terra; e será você, Raul, que, com a equipe que trabalha no desencarne, vai recebê-la.

Raul, apesar de tentar, não conseguiu controlar a emoção.

— Calma, Raul, sabíamos que agiria assim, essa é a razão de contar-lhe agora; terá tempo de se equilibrar e se preparar para essa tarefa, que fez por merecer, tanto você quanto Márcia.

Emocionado, Raul respondeu:
— Recebê-la... Eu recebê-la?
— Por que se espanta? Não gostaria de acolhê-la em seus braços no seu primeiro momento?
— Gostar? — perguntou Raul. — Para mim será a maior bênção que nosso Mestre Jesus poderia me dar!
Silenciou-se. Depois perguntou:
— Mas como ela virá... Sofrerá nesse retorno?
— Calma, Raul, não devemos nos antecipar. Tudo tem sua hora, seu momento e sua programação. Espíritos amigos estarão lá com você para dar as boas-vindas a uma verdadeira tarefeira de Jesus, tarefeira essa que sempre colocou o amor fraternal acima de qualquer interesse pessoal. É chegado o momento de colher os frutos das sementes plantadas e adubadas com o amor de Cristo.
— Quando partiremos?
— Amanhã. Vocês ficarão na casa de Márcia auxiliando no afrouxamento dos laços que a prendem à matéria.
— Para onde devemos levá-la?
— Tragam-na para esta colônia; ela está na mesma faixa vibratória que todos nós. É a lei da afinidade.
— Agora, podem ir, aproveitem bem o tempo que têm para o devido descanso, usem-no de maneira produtiva, nutrindo o espírito com a elevação e a nobreza de sentimentos.
— Raul — disse irmão Luiz — vou aproveitar essas horas de folga e ir até a Universidade de Maria assistir às palestras sobre o Evangelho; quer me acompanhar?
— Se não se importar, irmão Luiz, prefiro, neste momento, ir até a fonte orar e meditar um pouco. Sinto-me muito ansioso, e sei que isso não é bom; a oração vai acalmar meu espírito.

— Está bem, Raul, faça como preferir. Vamos nos encontrar amanhã pela manhã.
— Está certo.
Despediram-se e cada um seguiu seu caminho.
Sentado na grama verde, tendo à sua frente a fonte cristalina, que jorrava suas águas ininterruptamente, borbulhando e espumando de tal maneira que brindava a todos com um espetáculo maravilhoso e reconfortante, Raul entregou-a à oração, enviando ao Senhor seu sentimento de gratidão, confiança e fé.
— Obrigado, Senhor, pelo trabalho edificante que colocaste em meu caminho, ajuda-me a não medir esforços no auxílio aos irmãos que sofrem o desespero das trevas. Que Tua luz infinita venha iluminar os caminhos de quantos ainda não conseguem percebê-Lo. Agradeço-Lhe os benefícios recebidos, que na minha imperfeição eu possa despertar para Tua palavra e dela jamais me afastar, conseguindo escalar o árduo caminho rumo à minha evolução, esquecendo de mim e lembrando-me cada vez mais do meu semelhante. Que Teu nome seja glorificado por todos os mundos. Assim seja.
Na sua entrega ao Pai, Raul não se dava conta dos pequenos flocos azulados que lhe cobriam o espírito. A sinceridade com a qual se entregava permitia-lhe ser alvo das bênçãos divinas. Raul sabia que em vez de solicitarmos a Deus que envie a paz, devemos pedir que nos auxilie a conquistá-la por meio da transformação da nossa alma, porque tudo se consegue por merecimento, não importa se estamos encarnados ou desencarnados; aquele que se esquece de tudo o que julga não ser importante, como o sofrimento do próximo, suas aflições, seus medos, e não lhe dá o menor respeito, nada fazendo para promover a felicidade alheia, não pode pretender receber de Deus

sua própria felicidade. Tudo é proporcional ao que fazemos na nossa vida, na Terra e na espiritualidade.

Raul deixou-se embalar pela doce sensação de calma e bem-estar que tomavam conta de todo o seu ser. O tempo passou sem que Raul percebesse. Quando os primeiros raios de sol aqueciam a colônia, Raul dirigiu-se ao encontro de irmão Luiz.

– Esperava-o – disse irmão Luiz. – Sente-se bem, equilibrado, menos ansioso?

Raul sorriu e respondeu:

– Quantas perguntas! – Sinto-me muito bem e apto a cumprir minha missão.

– Vamos, então?

– Vamos!

Assim, ambos seguiram para a crosta e rumaram direto para a casa de Márcia.

Encontraram-na acamada e febril. Seus filhos amorosos cobriam-na de atenção e cuidados, revezando-se para que ela não ficasse um só instante sozinha, tal a preocupação que sentiam por seu estado.

Irmão Luiz e Raul se aproximaram de Márcia. Raul, com o conhecimento médico que possuía, logo constatou uma infecção urinária, podendo vislumbrar qual seria a *causa mortis*: septicemia, ou seja, infecção generalizada.

Sabiam que no momento certo do desligamento de Márcia a equipe responsável pelo seu desencarne chegaria e, enquanto aguardavam o dia da grande viagem de Márcia, amparavam-na, inspirando-lhe bons pensamentos, boas lembranças e, principalmente, protegendo-a de qualquer energia negativa. Márcia possuía créditos suficientes para receber o amparo dos amigos espirituais, os tarefeiros de Jesus que ali estavam alegres por receber uma irmã que voltava vitoriosa à pátria espiritual.

No quarto dia em que estavam lá, Márcia piorou sensivelmente, fazendo com que os filhos a levassem ao hospital, onde tantas e tantas vezes enxugou as lágrimas dos que ali se internavam.

Solange, que ali trabalhava, assim que soube da internação de Márcia foi ter com Raul e irmão Luiz.

– Como ela está? – perguntou para Raul.

– Nada bem, Solange, acredito que a hora da sua partida está bem próxima.

– Glorificado seja Jesus; mais uma filha retorna à casa de Deus trazendo a paz da vitória.

– É verdade, Solange, mais uma vencedora! – exclamou Raul. – Minha querida companheira de tantos anos na Terra; companheira das noites maldormidas ao lado das camas dos enfermos, tentando acalmar suas dores físicas e morais; das aflições que passamos com os excluídos da sociedade preconceituosa, que não conhece a si mesma e pretende julgar o próximo; enfim, minha querida companheira, que me ajudou a efetivar meus ideais de fraternidade, seguindo-me silenciosamente, mas empurrando-me por meio da sua grande força moral. Essa é a alma generosa que acolheu os filhos do coração com o mesmo amor que acolheria os filhos do útero.

Raul não percebeu a sombra de melancolia que anuviou o semblante de Solange; irmão Luiz, experiente, aproximou-se dela dizendo:

– Minha irmã, não busque o passado, deixe-o onde está. O momento é de se dedicar à tarefa sublime que Jesus lhe ofertou, e da qual sei que está se desincumbindo com grande amor e dedicação.

— Irmão Luiz — disse Solange com humildade — por que erramos tanto? Por que nossos olhos se fecham impedindo-nos de ver o que na verdade importa? Por que agimos com leviandade quando recebemos tudo para sermos felizes e fazermos os outros felizes? Por que somos tão tolos, irmão?

— Porque quando estamos em um corpo de carne ficamos vulneráveis, esquecemo-nos facilmente de tudo o que aprendemos para cumprir com louvor nossa tarefa na Terra, mas isso só acontece porque o homem se distancia das Leis Divinas, esquece as palavras de Jesus e lembra somente o que lhe traz prazer imediato; abre-se para o orgulho e a vaidade; julga-se melhor que o seu semelhante e tudo faz para ter um lugar de destaque no mundo, dedicando-se a satisfazer seus desejos por meio do acúmulo de riquezas.

— Mas isso não acontece com todos! — exclamou Solange.

— É verdade, Solange, os espíritos mansos, bondosos, realmente generosos, não se afastam da verdade nem Daquele que os criou. Mas a nossa alegria é saber que sempre podemos aprender e recomeçar com mais sabedoria, amor e elevação de alma, assim como aconteceu com você, minha irmã; ontem orgulhosa e hoje, generosa, cumprindo com amor a tarefa que lhe foi confiada. Ninguém se perde para sempre, um dia todos se aperfeiçoam, porque assim Deus o quer.

O diálogo foi interrompido quando Márcia, com febre alta, começou a delirar.

Irmão Luiz apressou-se a ministrar-lhe passes reconfortantes enquanto Raul achegou-se a ela dizendo:

— Querida, não tenha medo, estamos a esperá-la. Confie no Mestre Jesus, permaneça com seu pensamento no Divino Amigo e se entregue a Ele, sem receio nem reservas. Não ficará sozinha, os frutos da sua árvore do bem você os colherá agora. Calma... serenidade... o grande momento aproxima-se, e as grandes almas como a sua sentem alegria na libertação.

Márcia registrava a presença de Raul e, com uma voz tênue, quase apagada disse:

– Raul... Raul... Meu Deus, posso vê-lo!

Seus filhos, apreensivos, olhavam-na com lágrimas nos olhos. Janice disse aos irmãos:

– Mamãe está delirando, ela diz que está vendo papai.

Vinicius logo respondeu:

– Não duvide, Janice, é bem provável que o esteja vendo, mesmo; acredito que papai tenha vindo buscá-la. Eles se amavam tanto!

– E continuamos a nos amar, meu filho – respondeu Raul. – A morte não acaba com nossos sentimentos; ao contrário, livres da limitação da matéria surgem mais vibrantes.

Solange, aproximando-se do filho que deixara tão pequeno, abraçou-o dizendo:

– Como o meu amor por você, filho. Mesmo sem ter vivido muito tempo ao seu lado, ele existe forte e imenso, trazendo-me alegria por saber que meu filho amado é um homem de bem. Que Jesus o abençoe.

Vinicius não os escutava, mas sentia uma sensação de bem-estar e conforto espiritual. Voltando-se para sua irmã, disse:

– Estranho, lembrei-me de minha mãe, uma sensação muito forte.

– Talvez ela também esteja aqui!

– Pode ser – respondeu Vinicius.

Nos dias seguintes nada mudou, a não ser o estado de saúde de Márcia, que se agravava consideravelmente. Seus olhos permaneciam fechados quase todo o tempo, alheia ao mundo à sua volta.

Estavam irmão Luiz e Raul orando à cabeceira da enferma quando viram entrar no aposento a equipe encarregada de fazer o desligamento de Márcia.

— É chegada a hora – disseram.

Emocionado, Raul perguntou ao espírito responsável:

— Oriente-me sobre o que devo fazer.

— Segure-a em seus braços assim que o desligamento se completar. Será permitido que ela o veja e reconheça-o para sentir-se mais segura; logo após vamos adormecê-la. Fique bem próximo dela, com o pensamento voltado para o Mestre.

Márcia abriu os olhos e procurou os filhos. Não conseguindo pronunciar nenhuma palavra, tentou dizer com o olhar o quanto os amava. Todos perceberam que o momento da despedida havia chegado. Em um gesto de carinho e respeito, beijaram aquelas mãos que tantos afagos haviam feito e, em seguida, Vinicius falou em nome de todos:

— Nós a amamos muito, mãe, e somos agradecidos por termos tido a senhora em nossa vida. Jamais vamos esquecê-la. Não tenha medo, Jesus vai recebê-la em seu reino. Entregue-se a Ele.

Márcia olhou-os pela última vez. Seus olhos se fecharam para sempre para o mundo físico, para se abrirem gloriosos na espiritualidade.

No mesmo instante em que se viu expulso do corpo, seu espírito notou a presença de Raul, que abriu os braços, envolvendo-a na mais pura energia de amor. Márcia se entregou confiante.

Assim que foi dada permissão, Raul, segurando-a adormecida em seus braços, levou-a, acompanhado pelos responsáveis, até a colônia espiritual.

Duas almas afins que vivenciaram o amor em toda a sua plenitude reencontraram-se na grande casa de Deus para prosseguirem rumo ao caminho da evolução.

Irmão Luiz, observando a beleza daquele encontro e a tranquilidade com a qual foi feito o desligamento de Márcia, disse a Solange:

– Eles estão juntos há várias reencarnações, e sempre retornam vitoriosos, com a missão cumprida.

– É... Eles aprenderam a viver o amor em todas as suas formas – respondeu Solange.

– Que Jesus os abençoe! – exclamou irmão Luiz.

Raul e Márcia se perderam na noite estrelada rumo à colônia espiritual, dando testemunho de que o tempo, para os que se amam... é eternidade!

Até mais ver!

Fim

Obras de Irmão Ivo: leituras imperdíveis para seu crescimento espiritual
Psicografia da médium Sônia Tozzi

O Preço da Ambição
Três casais ricos desfrutam de um cruzeiro pela costa brasileira. Tudo é requinte e luxo. Até que um deles, chamado pela própria consciência, resolve questionar os verdadeiros valores da vida e a importância do dinheiro.

A Vida depois de Amanhã
Cássia viveu o trauma da separação de Léo, seu marido. Mas tudo passa e um novo caminho de amor sempre surge ao lado de outro companheiro.

A Essência da Alma
Ensinamentos e mensagens de Irmão Ivo que orientam a Reforma Íntima e auxiliam no processo de autoconhecimento.

Quando chegam as respostas
Jacira e Josué viveram um casamento tumultuado. Agora, na espiritualidade, Jacira quer respostas para entender o porquê de seu sofrimento.

Somos Todos Aprendizes
Bernadete, uma estudante de Direito, está quase terminando seu curso. Arrogante, lógica e racional, vive em conflito com familiares e amigos de faculdade por causa de seu comportamento rígido.

O Amor Enxuga as Lágrimas
Paulo e Marília, um típico casal classe média brasileiro, levam uma vida tranquila e feliz com os três filhos. Quando tudo parece caminhar em segurança, começam as provações daquela família após a doença do filho Fábio.

O Passado ainda Vive
Constância pede para reencarnar e viver as mesmas experiências de outra vida. Mas será que ela conseguirá vencer os próprios erros?

No Limite da Ilusão
Marília queria ser modelo. Jovem, bonita e atraente, ela conseguiu subir. Mas a vida cobra seu preço.

Renascendo da dor
Raul e Solange são namorados. Ele, médico, sensível e humano. Ela, frívola, egoísta e preconceituosa. Assim, eles acabam por se separar. Solange inicia um romance com Murilo e, tempos depois, descobre ser portadora do vírus HIV. Começa, assim, uma nova fase em sua vida, e ela, amparada por amigos espirituais, desperta para os ensinamentos superiores e aprende que só o verdadeiro amor é o caminho para a felicidade.

Leia os romances de Schellida!
Emoção e ensinamento em cada página!
Psicografia de Eliana Machado Coelho

Corações sem Destino
Amor ou ilusão? Rubens, Humberto e Lívia tiveram que descobrir a resposta por intermédio de resgates sofridos, mas felizes ao final.

O Brilho da Verdade
Samara viveu meio século no Umbral passando por experiências terríveis. Esgotada, consegue elevar o pensamento a Deus e ser recolhida por abnegados benfeitores, começando uma fase de novos aprendizados na espiritualidade. Depois de muito estudo, com planos de trabalho abençoado na caridade e em obras assistenciais, Samara acredita-se preparada para reencarnar.

Um Diário no Tempo
A ditadura militar não manchou apenas a História do Brasil. Ela interferiu no destino de corações apaixonados.

Despertar para a Vida
Um acidente acontece e Márcia, uma moça bonita, inteligente e decidida, passa a ser envolvida pelo espírito Jonas, um desafeto que inicia um processo de obsessão contra ela.

O Direito de Ser Feliz
Fernando e Regina apaixonam-se. Ele, de família rica, bem posicionada. Ela, de classe média, jovem sensível e espírita. Mas o destino começa a pregar suas peças...

Sem Regras para Amar
Gilda é uma mulher rica, casada com o empresário Adalberto. Arrogante, prepotente e orgulhosa, sempre consegue o que quer graças ao poder de sua posição social. Mas a vida dá muitas voltas.

Um Motivo para Viver
O drama de Raquel começa aos nove anos, quando então passou a sofrer os assédios de Ladislau, um homem sem escrúpulos, mas dissimulado e gozando de boa reputação na cidade.

O Retorno
Uma história de amor começa em 1888, na Inglaterra. Mas é no Brasil atual que esse sentimento puro irá se concretizar para a harmonização de todos aqueles que necessitam resgatar suas dívidas.

Força para Recomeçar
Sérgio e Débora se conhecem e nasce um grande amor entre eles. Mas encarnados e obsessores desaprovam essa união.

Lições que a Vida Oferece
Rafael é um jovem engenheiro e possui dois irmãos: Caio e Jorge. Filhos do milionário Paulo, dono de uma grande construtora, e de dona Augusta, os três sofrem de um mesmo mal: a indiferença e o descaso dos pais, apesar da riqueza e da vida abastada.

Ponte das Lembranças
Ricos, felizes e desfrutando de alta posição social, duas grandes amigas, Belinda e Maria Cândida, reencontram-se e revigoram a amizade que parecia perdida no tempo.

LÚMEN EDITORIAL

Av. Porto Ferreira, 1031 | Parque Iracema
CEP 15809-020 | Catanduva-SP

www.**lumeneditorial**.com.br
www.**boanova**.net

atendimento@lumeneditorial.com.br
boanova@boanova.net

📞 17 3531.4444
🟢 17 99777.7413
📷 @boanovaed
f boanovaed
▶ boanovaeditora

Acesse nossa loja

Fale pelo whatsapp